昨夜星光燦爛（下）

民國影壇的28位巨星

張偉 主編

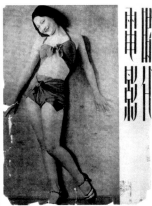

黎莉莉

陳燕燕

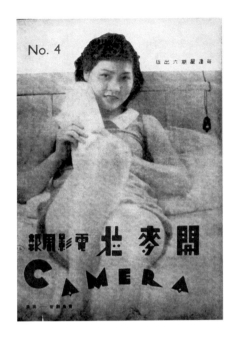

英茵

袁美雲

顧蘭君

龔秋霞

陳雲裳

上
官
雲
珠

白光

白　楊

周　璇

李麗華

王丹鳳

陳娟娟

序 民國影壇28巨星

　　傳播學大師施拉姆曾說：每一項傳播手段的發明都是人類智慧了不起的成就。1825年，法國人涅普斯發明了攝影術，從此，人類可以透過一種載體永久地封存回憶，留住任何一個人們希望留住的特定瞬間。但是，慢慢地人類又不滿足於此了，他們發現，攝影只能留住靜止的場面，而現實生活卻充滿了動感，他們渴望那些靜止場面靈動起來。於是，經過幾十年孜孜不倦的努力，神奇的電影終於誕生了：1895年12月28日，法國盧米埃爾兄弟拍攝的幾部短片在巴黎卡普辛大街14號咖啡館的印度沙龍內公開售票放映，從此，「工廠放工」、「火車進站」等一些人們生活中的尋常場面，成了世界電影史上最初的經典鏡頭。

　　在盧米埃爾兄弟發明電影僅僅半年之後，亞洲的一些主要國家都先後出現了電影放映商們的足跡，其中，印度是1896年7月，日本則要到1897年才有電影放映，而中國是電影最早進入的亞洲大國。根據現有的史料可以確認：1896年6月29日，上海著名的私人園林──徐園率先放映了「西方影戲」，這是電影在中國的首次登陸。被譽為西方文明之花的電影選擇上海這座東方大

都市首先綻放，這絕非偶然。自明清以來，上海就以其優越的地理位置，成為世所習稱的「江海通津，東南都會」，1843年開埠以後，更逐漸取代了廣州的地位，成為全國的經濟和文化中心。由於上海在學術資訊、西學人才、出版發行以及人口數量、消費能力等等方面都具有其他城市無法比擬的優勢，故很快又成為輸入西方文化的視窗，近代西方的物質文明和精神文明大半率先由上海引進傳播，從聲光化電到天演群學，上海都領風氣之先。具有鮮明時代特徵和濃郁海派風格的中國近代文化在通向太平洋的黃浦江畔開花結果，在「火樹銀花，城開不夜」的十里洋場發榮孳長。正是在這樣的背景下，電影，這個時代驕子選擇上海生根發展，可謂適逢其地，理所當然。

上海是當年中國電影的大本營，無論是生產能力的強大還是硬體設備的完善，或者是消費市場的龐大以及衍生產品的豐富，上海都無愧於中國乃至亞洲第一的榮譽。當時神州大地上的一百多家電影公司，百分之八十活躍在上海，「明星」、「天一」、「聯華」等著名大公司，無一例外都將總部設在上海；「大光明」、「南京」、「大上海」、「美琪」等影院，其規模之大和豪華程度在整個亞洲都堪稱第一，而且上海當時已經建立起了類似今天院線的完善的放映系統；美國米高梅、派拉蒙、雷電華等八大電影公司，在上世紀三十年代初已經分別在上海設立了辦事處，最高峰時，每年在上海放映的好萊塢影片超過四百部，一些大片的公映時間幾乎和美國達到同步；今天大家熟悉的譯製外片的方法，當年在上海都已經作過嘗試；二十世紀前期在上海出版發行的電影報刊，其數量達到了令人驚訝的近三百種。這種種一切都證明：電影選擇了上海，給予了上海以榮譽；而上海也

盡情回報，使電影這朵文明之花綻放得如此絢爛，充滿魅力！

　　如果把電影業比作一個龐大的天體，那麼毫無疑問，其中最引人矚目的就是第一線的演員，他們是最最耀眼的星辰。儘管早在1905年，北京的任景豐請來京劇名角譚鑫培拍攝了京劇《定軍山》的片段，開始了中國人拍攝電影的最初嘗試；但中國電影的真正起步，實際上是在民國建立以後，大本營是在上海。中國的第一部故事片《難夫難妻》就是於民國二年（1913年）在上海拍攝完成的。在那以後，電影人以上海為基地，拍攝了一系列故事短片，演員都是當時演新劇出身的藝人，表演亦未脫文明戲的俗套，很少電影特色。中國電影在走過蹣跚學步的萌芽階段以後，在1923年前後，以明星影片公司《孤兒救祖記》的成功為標誌，進入了一個興旺和繁榮的時期。這個時期的一個很大特點就是湧現了一批能真正稱之為電影明星的演員。他們既有較高的文化水平，又有演技，年輕有為，朝氣蓬勃，社會地位已有顯著提高，並擁有了一批熱情的影迷。「銀壇霸主」王元龍、「銀幕情人」朱飛、「第一反派」王獻齋、「俠客英雄」張慧沖、「新型小生」龔稼農等成為男明星中的出色代表；女明星則更是群星璀璨，殷明珠之青春美麗、王漢倫之端莊賢慧、楊耐梅之風流妖冶、黎明暉之嬌嗔活潑，代表了當時女明星中的基本類型。其他還有張織雲、丁子明、宣景琳等，都是女明星中的傑出代表。這些演員和編導、攝影、美工等電影工作者一起組成了一支整齊的電影隊伍，共同孜孜探索和不斷實踐，終於使電影開始獨立於中國藝術之林。

　　胡蝶和阮玲玉是20年代末至30年代中期影壇兩顆最為耀眼的明星。她們的表演真實、細膩、樸素、自然，飾演的角色不僅形似，更

求神似。如果說她們早期的表演還有程式化的套路，那麼進入30年代以後，她們的演技已日趨嫻熟，拍片時能將角色的心理活動恰如其分地表現出來，沒有過火的表演，很少斧鑿的痕跡。她們在銀幕上塑造的各種類型的婦女形象，有不少已成為中國電影人物長廊上的典型人物；她們拍攝的《姊妹花》、《神女》等影片，已成為30年代影壇最為出色的經典之作，她們獲得的榮譽已無聲地將電影演員的社會地位提高到了一個空前的高度。以她們為代表的電影明星成為對都市時尚感知最早的人群，她們的一顰一笑、舉手投足，無一不在聚光燈下被成倍放大，感染著純情的少年和癡迷的觀眾。正是從她們開始，電影明星成為了無數年輕人夢寐以求的職業，而不再是任人玩弄、供人驅使的「戲子」。和她們幾乎同時或稍後一些，影壇湧現了一大批傑出的電影明星，金焰、趙丹、王人美、周璇、白楊、陶金等等響亮的名字，是和《大路》、《漁光曲》、《馬路天使》、《一江春水向東流》、《烏鴉與麻雀》等等經典名片緊緊聯繫在一起的。那個時代正是中國電影從幼稚走向成熟，從平庸走向輝煌的時期，以他們為代表的電影人以自己的熱情、真誠、勇氣和忘我工作，共同譜寫出了中國電影史上光輝燦爛的一幕，同時也寫下了他們人生最精彩的一筆。

細心的讀者也許會發現，本書所收入的封面明星絕大多數都是女性，男明星僅有兩位：金焰和趙丹。這種令人詫異的性別比例，既是當年眾多影刊的現實景象，也和當時女明星對社會的影響力有關。中國傳統女性是被深深禁錮在家庭閨閣裏的，晚清民初，中國女性的生活和形象發生了鮮明而巨大的變化。尤其在都市，女性被推上社會生活的前沿舞臺，都市的公共空間裏頻頻活躍著她們的身影，都市女性

成為了引領時代風尚的代表。她們的服飾髮式，其變遷敏感地透露出時代變革的訊息。電影作為一種新的藝術與娛樂樣式，不僅滿足了人們的新奇感，它還是一種宣傳時尚生活的最有力工具，各種各樣的服裝、髮式、居住環境、消費場所和社會意識，都可以通過電影宣示於眾。美國哈佛大學教授李歐梵先生研究了三十年代上海的摩登社會，他特別關注電影明星在其中所起的推波助瀾的作用，他發現在這方面，「封面女郎」是一般不可忽視的力量：「這些封面照並沒有——或者說除了——在一個父系社會裏成為男性的關照物，它們也幫助設計中國女性的新形象——擁有新品質的『現代』女性將不再羞於當眾展示她的性格……它為流行的觀眾口味和欣賞習慣做了鋪墊。」（李歐梵《上海摩登——一種新都市文化在中國1930——1945》，毛尖譯，北京大學出版社2001年12月）循此思路，如果我們掃描一下民國期間出版的3百多種上萬期電影雜誌的封面，就完全能充分感受到誰是當年最紅最亮的影星，很少有哪一家電影刊物會浪費寶貴的封面資源去登載一位過氣明星，看看這些封面，我們就能明瞭當時社會的審美取向。本書正是以此作為切入口，全面剖析民國期間最受歡迎的28位明星的從影歷程和人生軌跡。在寫作過程中，我們查閱了大量當年的出版物，也參考了最近出版的學術成果，力求以較新的視角、豐富的史料和平和的心態去展示這些當年風雲人物的星途，希望廣大讀者能夠喜歡，也對專業研究人員有所幫助。是為序。

張偉

2006年12月18日 午於上圖1217室

目錄

黎莉莉

默片時代的最後一位明星

2005年盛夏的一天，很多媒體報導了一則「最後一位默片明星故去」的消息。早在默片時代她就是明星，健康活潑的形象一掃銀幕上太太小姐們的矯揉造作的脂粉氣。她拍攝過一部影片叫《體育皇后》，生活中的她也是運動全能的摩登女郎，是早期電影明星中的「體育皇后」。螢幕上下漫溢的生命力讓她在那個中國電影眾星輝煌的時代散發出與眾不同的璀璨光芒。她就是黎莉莉。

「薬薬」、「明莉」和「莉莉」

黎莉莉並非本名，她原來叫錢薬薬，「薬」是繁茂生長的意思，她的小名就叫「小旺」。1915年，薬薬出生在一個不尋常的家庭，父親是日後中共黨內極富傳奇色彩的重要人物——錢壯飛。父母都是共產黨地下工作者，走南闖北居無定所，薬薬在動盪中度過童年，去過天主教寄宿女校，孤兒工讀園，還在戲班學過京劇。薬薬從小就知道父母的工作，潘漢年、李克農等常來家裏，大人在樓上開會，她在樓下站崗放哨，一有緊急情況就向家裏報信。

「漁翁樂陶然，駕小船，身穿蓑衣裳，手持釣魚竿，船頭站，捉魚在竹籃。」夏天的晚上，許多人在屋外乘涼，薬薬可以在那兒一個人邊跳邊唱，把這首〈漁翁樂陶然〉從頭到尾翻來覆去唱一個晚上。1926年，父親錢壯飛的公開身份是北京光華影片公司編導，工作之便，11歲的薬薬在影片《燕山俠隱》中演一個兒童角色。1927年「四‧一二」事變，中共在上海的地下黨組織遭到重創，父親錢壯飛從北京調任上海，從事秘密情報工作。父母已無暇顧及薬薬，就把

她帶到孤兒院，但是蓁蓁不願意留下。錢壯飛偶然在報上看到了一則廣告，廣告上說，黎錦暉正在籌備中華歌舞團計畫赴南洋演出，為此招募新學員。黎錦暉是中國新興歌舞的開拓者，他辦的歌舞學校不同於當時一些舊戲班子，這讓蓁蓁父母比較放心，而且蓁蓁喜歡唱歌跳舞，看她有點表演天分，父母決定將她送去歌舞團試試。這個想法改變了蓁蓁的人生軌跡。

小蓁蓁一到歌舞團，團長黎錦暉從上到下打量她，見她生得漂亮可愛，沒有考試就留下了，父親錢壯飛連聲感謝地離開。蓁蓁年紀還小，一看到王人美等差不多年齡的女孩子在跳舞就被吸引住了，看到父親走了也沒有覺得很難過。蓁蓁在團中受到歌舞專業訓練，隨團到南洋等地演出。她能夠扮演大多數角色，團裏誰生病或者鬧脾氣，她就上臺「補場」。童聲嘹亮、國語純正的蓁蓁很快嶄露頭角，頗得團長黎錦暉的賞識。南洋演出後歌舞團解散，蓁蓁無家可歸，黎錦暉帶她住在新加坡，那裏的法規一家不能有兩姓，蓁蓁名義上改姓黎，黎錦暉為她取名黎明莉。回到上海，黎錦暉又成立明月社，去南京演出時蓁蓁在節目單上寫下了她自己感到得意的名字——黎莉莉。黎莉莉擅長舞蹈，王人美則在歌唱上很突出，明月社鼎盛時期，黎莉莉與王人美、薛玲仙、胡笳並稱「四大天王」。

1931年，黎莉莉隨歌舞團轉入聯華影業公司。王人美是團員中較早上銀幕的一個，王人美在聯華第二廠主演孫瑜編導的作品《野玫瑰》的時候，時常可以看到黎莉莉和胡笳等歌舞團成員到現場看王人美拍戲，一位自覺頗有眼力的記者在片場看到作為觀眾的黎莉莉之後，居然對身邊的人預言她是「一個可以造就的銀幕人才」，並稱，

黎莉莉在《小玩意》中飾演珠兒

如果有適合其個性的電影劇本，黎莉莉會有更為出色的銀幕表現（秋伊〈莉莉，漸漸地變了！〉，1934年6月5日《時代電影》第一卷第一期）。到了第二年，孫瑜在其編導的《火山情血》中就邀請黎莉莉主演。

《火山情血》是黎莉莉在「聯華」主演的第一部故事長片，此前，黎莉莉參與拍了聯華出品的幾部長短不一的歌舞片：《銀漢雙星》、《新婚之夜》、《芭蕉葉上詩》。在《火山情血》中劇本要求演員要跳呼啦舞，別人都不會，就黎莉莉會跳，並且她還能唱，於是公司決定不用那些「才子佳人」式的演員，讓新人黎莉莉出演，儘管《火山情血》並沒有讓黎莉莉一炮而紅，但是她的活力與朝氣讓孫瑜驚歎並印象深刻。孫瑜敏銳地發現，黎莉莉身上青春與率真的獨特氣質，正和自己作品自然清新的風格相契合。此後，兩人合作了多部經典影片，為早期中國影壇留下濃墨重彩的一筆。當時與她同台演出的有一大批已經在國產影壇成名的大牌影星。比

如在《小玩意》一片中，黎莉莉和比自己年長五歲的阮玲玉演對手戲時，後者在演技上對她指點，而黎莉莉則教廣東人阮玲玉說國語。透過這次合作，阮玲玉平易和善的性格給初出茅廬的黎莉莉留下了深刻的印象。

體育皇后

剛進聯華公司時，黎莉莉改名為「黎珂玲」，在上海南洋高商女中「半工半讀」，拍電影大多在晚上，白天她仍然是女學生，拎著書包，帶上網球拍，騎自行車去上學。她常去虹口的游泳池，還在上海游泳場開幕式上做跳水表演，當時演員中很少人會游泳。短跑、游泳、籃球、網球，騎馬，跳舞，黎莉莉樣樣精通，可謂摩登女郎。據說，她在南洋高商女中就讀期間參加過「上海市市中校聯合運動會」，獲得五十米短跑項目的第二名，被當時的媒體稱為「中國女明星中之實踐『新生活』運動之一人」。出於對體育的熱愛，她甚至很想嫁給運動員。

1932年到1933年間，《電聲日報》舉行了一次頗為轟動的電影明星評選活動。評選結果是，黎莉莉與胡蝶、阮玲玉、金焰、陳燕燕等共同當選為中國十大明星。這對於剛剛18歲的黎莉莉來說，這僅僅是個開始。

《體育皇后》被稱為中國體育題材電影開山之作。孫瑜在片中寄予「體育救國」的理想，倡導不僅要啟蒙心智，還要強健體魄。該片是孫瑜為黎莉莉量身訂做，片中那個擁有健美身段，爽朗笑容，跑得

黎莉莉在《體育皇后》中飾林瓔

飛快的「體育皇后」就像是生活中黎莉莉的翻版。黎莉莉扮演體育女校的學員，正和現實中一樣，她是短跑冠軍，賽場上身姿矯健動如脫兔，生活中更是活蹦亂跳，片中表現她在家裏和小狗追逐玩鬧，簡直是個瘋丫頭。銀幕上出現這樣好動調皮的女生，還是頭一次，黎莉莉活力四射的形象更加深入人心。此片上映，健美女性蔚為風尚。

《大路》同樣是孫瑜導演的作品，黎莉莉扮演的茉莉和陳燕燕扮演的丁香正好形成對比，丁香嬌羞婉轉，茉莉則潑辣、大膽、率真、熱烈，高興起來又笑又跳，遇事敢想敢做，黎莉莉演來稍帶誇張卻毫不造作。《大路》是國產片中最早出現男性群體全裸鏡頭的影片，在這部極其張揚男性美的影片中，黎莉莉的女性魅力益加顯得突出，今天來回顧這部作品，她的活力透過銀幕仍然撲面而來。《大路》送到蘇聯參加競賽時，日本人侵佔東北，影片拷貝在路上耽擱，因遲到最後無緣獎項，而《漁光曲》在這一屆莫斯科國際電影節上

喜獲「榮譽獎」。在國內，《大路》和《漁光曲》兩部電影都非常轟動，客觀地說，《大路》的藝術價值比較《漁光曲》有過之而無不及。今天已經很難想像，如果《大路》的影片拷貝沒有在路上耽擱，中國首部在國際電影節上獲獎的影片是否會和黎莉莉的名字聯繫到一起。

在中國早期國產片中，觀眾見到的大多數女性形象，除了舊式家庭中的小姐太太，就是脫離現實的女俠客。在和孫瑜合作的一系列影片中，黎莉莉衝破固有的審美觀，塑造了青春健美、富有時代氣息的女性形象，為早期中國電影留下了嶄新的女性風姿。她也成為學生和青年觀眾的偶像。

「冷面孔」的「甜姐兒」

在明星閃爍的早期上海影壇，黎莉莉與眾不同的銀幕魅力源自何處？上個世紀三十年代，在自己寫的一篇討論唱歌的文章中，黎莉莉說：

「假如『說話』是人們的心的聲音，那麼唱歌也可以說是人們的心的『說話』。無論是說話或是唱歌，我以為只有『真』的才是最偉大最有意義。……十歲的小孩子，可以在臺上唱蕩婦曲，活潑愉快的小靈魂們，可以唱寡婦的哭調——這些，都不是真的，我相信那絕對沒有多大的意義。……所謂藝術裏的『真』『善』『美』三個要素，在唱歌裏，我認為『真』是最應該注意的。」（黎莉莉〈唱歌裏的「真」〉，1935年8月《藝聲》第一卷第三期）

昨夜星光燦爛

1933年的黎莉莉

顯然，對於「真」的珍視被她注入了自己的銀幕形象，或者說，眼尖的導演已經從銀幕下面的這個活潑女孩身上發現這一點。當時的影壇正如當時的記者描述的，「一切都需要虛偽」，影人免不了強顏歡笑，勉強敷衍，但是黎莉莉的待人接物卻和別人迥然不同，這一點也被接近她的電影雜誌記者看得很清楚：

「莉莉，她不善於敷衍友人，她高興的時候，她活潑地天真地把友人們鬧得都笑起來，在她苦悶的時候，她對誰都不強顏歡笑，去敷衍，欺騙她的友人，只獨自地低首沉思。」（秋伊〈莉莉，漸漸地變了！〉）

在中國眾多的電影女演員中，當時的記者對於黎莉莉的特點有多方面的概括，比如「健全的體格」和「健全的思想」，「純潔的靈魂」和速度驚人的「求智欲」，此外，黎莉莉還「有一顆天真未改的童心，和一個與一般人不同的堅強的個性，和不十分容易對付的一股孩子氣（羅羅〈桂花時節訪莉莉〉，1935年10月《藝聲》第一卷第五期）」。

儘管語多溢美之辭，但是從黎莉莉的生平經歷來看，每一種概括基本都能得到落實。

和當時的大多數影人截然不同，工作之餘，黎莉莉把自己的生活安排得充實而又規律。1935年的時候，在結束了南洋商高的課程學習後，她這樣描述其業餘時間的安排：

「每星期三六我就把還未純熟的舞蹈的步子練習一下。二五練習唱歌，星期四打算看一回影戲，星期一擔任了人家的教師（實在不敢），星期日我就有空，約朋友到郊外去散步，或上公園去玩。」（黎莉莉〈春天裏的生活〉，1935年6月5日《電影生活》6月號）

1935年的黎莉莉

這種有規律的生活遇到白天拍戲就會發生變化，不過，除去拍外景是在白天，聯華公司拍戲的時間大半都在晚上。

黎莉莉的家在當時聯華公司的隔壁——徐家匯三角地應家村46號，母親和正在上學的弟弟和她生活在一起，家庭的開銷由她一人承擔著。在黎莉莉剛

1937年的黎莉莉

進入「聯華」時，她的月薪是30元，而到了抗戰前夕已經達到500元。當時的記者還注意到，黎莉莉在自己新居門前的院子裏種著很多花草，另外，這位電影明星不喜歡塗脂抹粉（黛絲女士〈黎莉莉小史〉，1937年6月1日《明星特寫》第二期）。

當紅女明星，自然追求者無數，黎莉莉不太搭理人家，別人給她起個外號叫「冷面孔」；可是，黎莉莉在影壇另外有個「甜姐兒」的綽號，兩個外號聽起來大相徑庭，卻不無聯繫。據說，早在黎莉莉初涉影壇的時候，有一位經常出入聯華公司的攝影記者宗維賡，為黎莉莉的形象傾倒，為她取了「甜姐兒」的雅號，在媒體上對她稱頌不已，並且不斷追求她。結果這位記者遭遇了黎莉莉的「冷面孔」，不過「甜姐兒黎莉莉」的稱號卻隨著黎莉莉活潑率真的銀幕表現很快在媒體上風行。儘管遭到黎莉莉當面拒絕，這位圈內人喚作「老宗」的攝影記者仍然鍥而不捨，儘管最

終未獲成功，卻被知情者送了一個雅號，叫「第三種人」。（黛絲女士〈黎莉莉小史〉）。

那麼丈夫羅靜予怎麼會追上她的呢？

1937年抗戰爆發，黎莉莉毫不猶豫地放棄聯華公司的工作，離開「孤島」上海撤往內地，在武漢加入中國電影製片廠。去漢口的火車擁擠不堪，黎莉莉根本顧不上旅途生活問題，連睡覺褥子都沒帶，有一天她發現有了一個褥子，原來羅靜予自己睡光板子，把褥子讓給了黎莉莉。當時膠片都是國外進口，羅靜予的理想是能在國內自產膠片，所以研究化工行業，英文也很好，在中國電影製片廠籌建之初，羅靜予就是廠裏技術骨幹。黎莉莉覺得這個人很厚道，自然而然就經常走到一起。兩人相識不久在武漢舉行婚禮，郭沫若擔任證婚人，著名紀錄片導演伊文思在婚禮上致詞祝賀。

最後一位默片明星的離去

在中國電影製片廠，黎莉莉主演了抗戰影片《熱血忠魂》。之後赴香港與身為製片主任的新婚丈夫羅靜予合作了第一部影片《孤島天堂》，黎莉莉在片中飾演東北流亡舞女一角。期間黎莉莉懷孕生產，但為了不耽誤進度，她生下孩子四天後就投入拍攝。該片在香港公映後連映12天，轟動一時。

下一個拍攝計畫接踵而來，那就是由陽翰笙編劇的影片《塞上風雲》，同名的舞臺劇曾經在漢口演出，轟動一時。影片導演為應雲

衛，女主角金花兒由黎莉莉出演。為攝取外景，主創人員三十餘人遠赴塞北，一路走來竟歷時九個多月，攝製組或步行、或乘車、或騎牲口，時而淋雨挨餓，時而食宿無著，時而陷在中途，常與跳蚤、臭蟲為伍，還要注意空襲警報，其中甘苦，從當時黎莉莉寫給丈夫羅靜予的信中可以略知一二：

「九月二十三日，昨晚仍未能好好安睡，早餐後，預備睡覺，但汽車已經趕至耀縣，立刻打好行李，今天預備趕至三原，馬路仍是泥濘不堪，行至天里，又遭擱淺。步行五六里，才找到破舊不堪的一間小學校，做了臨時宿舍，上帝呵！你太恨心了，怎麼不讓我這煩躁的腦筋休息片刻呢？」

當攝製組一行騎著毛驢進入榆林時，榆林人對於這群不倫不類的隊伍很奇異，當黎莉莉和她的夥伴們「看見了白得可愛的饅頭，和黃金瓜老玉米」時，禁不住「齊聲叫著它們的名字」，而黎莉莉「不由得跳下毛驢，半偷半搶的買了一根老玉米，放在衣袋裏，不吃都舒服」。攝製組一行中途還路過了延安。在這「這充滿朝氣的所在」，黎莉莉感受到了熱烈的歡迎，見到沒有見過的場景。在給羅靜予的信中，黎莉莉寫到：「今天是國際青年節，……和大家一齊去參觀大會，會在非常熱鬧中開始了，一列列年輕的隊伍浪潮似的湧到會場，我們可以在這裏看見各種不同的行列，有鄉下小腳的婦女，有八九歲的小先生，領著四五歲的小隊伍前進。」（黎莉莉〈回歸線上——塞上行之一〉，《中國電影》第一卷第一期1941年1月1日）

四十年代初，抗戰局勢下逐漸無片可拍的黎莉莉赴美國生活過一段時間，據說，她在華盛頓和紐約的大學進修過臺詞、表演、化妝、

音樂等課程，有一次還在學校裏用國語演出了話劇《天國春秋》，給學校的教員留下了深刻印象（樂華〈訪黎莉莉小姐〉，1947年11月1日《電影雜誌》第三期）。其間有美國人找她拍戲，據說請她拍戲的是個人組織的小公司，只要她唱首歌，片酬八百塊錢，黎莉莉提出要先看劇本，對方稱劇本還沒寫出來，結果就沒再去找她；不久黎莉莉看到了這部名為《八小時遊歷世界》的片子，影片中拍到中國時，出來一個穿清朝的衣服漢族人，正拿著煙袋扭動身體、做怪相。當時的媒體對於黎莉莉拒演辱華影片一事，頗多稱道。

在美國生活五年，最後黎莉莉依靠教華僑中國古詩來維持生活，她的中國古詩的修養，完全來自之前拍電影時的有趣經歷。當時，對中國古詩頗有興趣的導演孫瑜一邊拍戲，一邊和黎莉莉講詩。沒想到這成了後來黎莉莉獨立賴以糊口的技能。據說當時美國普通的工作三塊六毛錢一個小時，教華僑古詩的報酬有五塊錢一個小時，一天黎莉莉可以教好幾個人。

解放後作為北京電影製片廠演員，她在電影《智取華山》中出演配角。1955年，黎莉莉進入北京電影學院專修班學習，畢業後留校任教，就此淡出銀幕。「文革」中丈夫羅靜予不堪忍受無休止的批鬥，在北京最冷的一個冬天，以自殺告別了世界和妻子黎莉莉。

1978年，黎莉莉已是63歲的老人，當國家終於擺脫噩夢，她也以黃昏之戀開始重新品嚐幸福滋味：充滿活力的黎莉莉和與自己同年的畫家艾中信再次步入婚姻。2005年8月7日，這位從默片時代就成名的女星向這個世界揮手作別，享年90歲。有人寫道：「中國上個世紀輝煌的三十年代電影的大門徹底關閉。」

陳燕燕

從南國乳燕到悲劇聖手

陳燕燕在一個「寒梅放蕊之期」從文化古城北平來到電影之都上海，從此開始了她馬不停蹄的演藝生涯。從無聲片到有聲片，從黑白光影到彩色膠片，從電影銀幕到電視銀屏，她的銀色之旅前後跨越長達六十餘年。「南國乳燕」，「美麗的小鳥」，這是當年眾多影迷贈她的美名，帶著甜蜜，更多愛憐，在他們心裏，陳燕燕就代表著一幅春天般的美好畫面──燕兒雙雙，柳絲依依，暖風薰薰，陽光明媚。

北平之燕

陳燕燕不是本名，有人説她原名陳蒨蒨，大抵靠不牢，因為她立志投身影壇時，父親給她規定了四個「不准」：「一不准用家裏的姓，二不准説家裏的事，三不准繼承家庭的財產，四不准敗壞家庭門風」（趙士薈：《影壇鈎沉》，大象出版社，1998年8月），這些囑咐陳燕燕一直都沒有忘掉，以至若干年後有關心她的影迷想瞭解她的身世，她仍舊只是一句「我沒有什麼身世，和普通人一樣」（〈陳燕燕小姐主答《電影雜誌》讀者詢問〉，載《電影雜誌》第三十六期，1949年3月21日）。

她是家中的獨女，出生在寧波，幼時隨父母遷居北平，家裏本是旗人，父親古板守舊。陳燕燕是在聖心中學附小念的小學，剛升到中學不久，她父親因認為女孩子不適宜老跑出去，於是讓她休學，請了位做過秀才的老先生在家設塾，講點《論語》、《孟子》、《古文觀止》。不過活潑好玩是孩子的天性，燕燕家有個親戚開著一家「中

央大戲院」，她常常跑去那裏看電影，這一看就讓燕燕把心思沉了進去，碰著喜歡的片子，她會連著看上五、六遍。

1930年，聯華影業公司攝影隊從上海抵達北平，拍攝《故都春夢》的外景，下榻在「東安飯店」，説來也巧，開辦這家旅社的正是燕燕的父親和姑丈。酷愛電影的燕燕對這群電影工作者又好奇又羨慕，於是奔東奔西地跟著他們看拍戲。小姑娘長得小巧又漂亮，嘴角上一顆美人痣更添俏皮，很快就被導演孫瑜發現了，他讓燕燕在《故都春夢》裏試了個鏡頭，雖然這個片段最終沒有用，孫導演卻覺得燕燕是個好苗子。「聯華」製片主任黎民偉的妻子林楚楚也是該片的女演員，一見到陳燕燕就非常投緣，她看這孩子天真可愛又熱愛電影，也鼓勵她上銀幕試試。燕燕非常願意，可是父親卻不答應，旗人家規矩大，哪能放孩子出去當「戲子」？好在有她母親支持，加上林楚楚等人幾次登門，老爺子這才同意放人，但事先提了那「四不准」。

陳燕燕1916年1月12日出生，簽約的時候年齡還不到法定，於是虛報三歲，訂了五年合約，名字用的就是黎民偉起的「陳燕燕」。姓氏取自她的滿姓諧音，而「燕燕」式的疊名在「聯華」則是歷來的傳統：嚴珊珊、林楚楚、李旦旦、董翩翩、黎灼灼……至於「燕燕」的含義麼，北平古稱不就是燕京嘛！

隨即，她就在朱石麟趁著外景拍攝間隙製作的滑稽短片《自殺合同》裏露了一小臉，燕燕回憶當時慌張的情景，説：「當我初上鏡頭的時候，表情的生硬，舉動的呆滯，使我萬分的驚慌與失望。在拍戲時，幸而有導演詳細的指導，才不致讓我完全失敗。這在我生命中

是永久不會忘記的一頁。」（陳燕燕：〈銀海五年中〉載《聯華畫報》第五卷第一期，1935年1月1日）

陳燕燕就要跟著「聯華」攝製組回上海了，當時也在劇組裏的阮玲玉就半是認真半是玩笑地說了句：「這個孩子將來去了以後，一定要搶我半壁江山！」這話燕燕記得很牢，1992年關錦鵬拍《阮玲玉》，陳燕燕在劇中有個採訪片段，那時她已年過七旬，提起這段往事仍不無得意。

純真年代

陳燕燕初進「聯華」，在廠裏的暗房擔任洗片工作，月薪只有十五塊，好似小學徒。不過機會很快來了，導演卜萬蒼讓她在《戀愛與義務》中扮演阮玲玉的女兒，緊接著又是《一剪梅》裏演個小丫頭。她扮相甜美，鏡頭感也不錯，《一剪梅》裏的小丫頭，一臉嬌憨，表情生動，十分討人喜歡。

原以為年紀太小還需磨練，誰知沒多久就當了女主角，1931年，新銳導

1931年的陳燕燕

演蔡楚生開拍戀愛悲劇《南國之春》，演員挑到了陳燕燕，當時有人嘲笑蔡楚生太大膽，事實卻證明導演並未選錯人。首先是燕燕態度認真，在片場她「誠懇地靜聽著導演的囑咐，努力地演戲」（秋伊：〈美麗的小鳥──燕燕〉，載《時代電影》第一卷第七期，1934年12月5日），然後是表演出色，她演的那個女學生，憂傷癡情，溫柔恬靜，眼神清澈得像溪水一樣，在人高馬大的男主角高占非身邊一站，真是小鳥依人，教人心疼。影片上映後陳燕燕一炮而紅，千千萬萬影迷驚喜地發現了這顆閃著柔光的小珍珠，愛憐地稱她為「南國乳燕」，更有評論對她不吝讚美：「她像徵一種靜的美──純潔的，鮮豔的，智慧的，社會上的一切惡勢力，對於她似乎完全失掉它們的誘感性……她的思想是清潔的，她的舉動是嫻靜的，她的體格是健全的。她，就是東方女性的一個好模範。」（茯：〈陳燕燕和他的新片《南國之春》〉，載《銀幕週報》第十三期，1931年12月13日）

1934年的陳燕燕

隨後，陳燕燕在短短三年中出演了《共赴國難》、《續故都春夢》、《奮鬥》、《三個摩登女性》、《除夕》、《母性之光》、《暴雨梨花》、《鐵鳥》等多部影片，她那富於個人魅力的銀幕形象被越來越多的觀眾喜愛熟知，於是又一個暱稱——「美麗的小鳥」也漸漸地流行開了。「一個聖潔的少女，她有靜淑的美，她有天真的心理和表情，她有活潑的姿態」（陶秦：〈陳燕燕的演技及其他〉，載《新影壇》第一卷第五期，1943年3月1日）——這就是「美麗的小鳥」之基本特質。不過也有一些有識之士，就她的表現，從關心愛護她的角度，發出了不同的聲音：「所謂『美麗的小鳥』，正是把她禁錮在籠中的象徵，她不能自由向前飛騰，生活在深閨中，人世間的一切，她沒法子體驗到，也不願去體驗，飾演閨秀與窮人的角色，生活習慣動作都是和她日常的生活方式差不多……」（秋伊：〈美麗的小鳥——燕燕〉）

其實，在中國電影早期，「本色演員」非常普遍，像阮玲玉那樣的全能型藝人畢竟是鳳毛麟角，更多的演員在表演時候容易落入某一固定的模式，變得比較「類型化」。好在陳燕燕還年輕，並且認識到了自己的不足，已經開始慢慢磨練起了演技，也有比較經典的角色留世。比如她在《大路》中與黎莉莉扮演一對姐妹花——丁香和茉莉，一個靦腆純真，一個熱情爽利，洋溢的青春關不住。片中陳燕燕更唱起專門為她寫就的〈燕燕歌〉，婉轉動聽。

她總結幾年來的銀海生涯，認識到當個演員並不容易：「……演員的工作比任何人都苦！拍戲時雖然是萬分的危險，也得奮不顧身的作去；當暑熱天氣人們都穿著薄紗的衣服坐在風扇下面乘涼，而他們

或許會穿一件皮袍子坐在千燭的燈光下，反之，在嚴冬的時期，他們為工作，卻穿著薄紗的衣服。」（陳燕燕：〈銀海五年中〉）不過辛苦歸辛苦，燕燕就是熱愛著銀幕。

學生情人

雖然《南國之春》後陳燕燕還沒有什麼叫得響的代表作，但她的名頭卻是越來越響亮，尤其在一干年輕學生中有著很強的號召力。那時喜歡胡蝶的大多是些太太小姐，喜歡阮玲玉的以大學生居多，陳燕燕的擁躉們則是大批的中學生了，因此她又被冠上美稱——「中學生的皇后」。當時有人這樣描述：「陳燕燕一臉的宜喜宜嗔，怪年輕的，只十六七歲的豆蔻年華，沒有浪漫，更沒有色情……年輕人就只愛陳燕燕一派，那時候學生運動剛普及全國，有的是一股熱忱，課餘之暇，老是愛瞧陳燕燕的片子，床頭書桌，都有一點陳燕燕照相的存留，全國學生瘋狂地愛著她，陳燕燕成為時代的寵兒。」（陳平：〈長成了的雛燕——陳燕燕〉，載《影藝》第六期，1940年7月5日）

1934年初，《電聲》週刊發起電影明星的單項選舉，陳燕燕在「最可愛的女明星」和「我最願意和她做朋友的女明星」兩項中得票第一，在「最美麗的女明星」中位列第二（胡蝶第一），在「我最愛慕的明星」中位列第三（阮玲玉第一、胡蝶第二），可謂遍地開花，全面豐收，於後起之秀中獨佔鰲頭。另外有幾個小插曲不能不提，比如有人在信封上貼了個陳燕燕的頭像代替收件人姓名，結果郵差真的毫無偏差地送到了聯華公司；比如北平有個女學生不遠千里跑到上海只為

1935年的陳燕燕

看一眼偶像，見到陳燕燕時不禁喜極而泣，燕燕則好心勸慰並帶著她遊覽了上海的風光……

《蛇蠍美人》、《天倫》、《寒江落雁》、《孤城烈女》、《春到人間》、《慈母曲》、《自由天地》、《新舊時代》……「聯華」時代裏的陳燕燕總是扮演一些善良美好的女性，隨著年齡的增長，她的天真爛漫純潔無瑕漸漸變成了帶著點悲劇色彩的溫婉賢淑，為燕燕量身訂制的《寒江落雁》一片就堪稱體現這一轉型的代表之作，於是她在影片中自然而然地形成了另一種「類型」。不過「類型」並不代表沒有演技，比如她在《孤城烈女》中扮演一個深明大義忍辱負重最終為國犧牲的女子，表演流暢自然又不失凝重有力。三十年代中期，國片攝製基本進入有聲時代，從北平而來，說得一口標準國語的陳燕燕在臺詞念白上自然有著相當的優勢。

1937年，「八‧一三」的炮火震動了上海，一些電影公司也遭受重創，但戰爭有時卻是人與人之間的凝結劑，提

醒著他們對生命和眼前人的珍惜。不久，陳燕燕與訂婚多年的「聯華」首席攝影師黃紹芬正式結婚，沒有鋪張的典禮，只是以父母的名義在報端刊了個極小的啟事。當時的情形，她是記得那麼清楚，以至很多年後，當她已然白髮蒼蒼，仍能對著臺灣影評人焦雄屏「哀怨地講述她如何在炸彈一顆顆落在上海上空時決定『連披紗都沒有地』嫁了第一任丈夫」（焦雄屏：〈寄情黎老師〉，載《南方都市報》，2005年9月6日）。也是在那一年，「聯華」在滬名實俱亡，陳燕燕轉而加盟新華影業公司。

悲劇聖手

十年風水輪流轉，在孤島影壇撐市場的，已經不是戰前那幾家大公司，後生可畏的「新華」，因經營得法，勢不可擋。老闆張善琨，長於營銷策劃，生意眼光精道，抗戰爆發後為公司吸收了不少無業可就的電影從業者，從低成本的喜劇片開始，慢慢穩固著「新華」的根基，為「新華」復業後挖到第一桶金的兩部喜劇片之一，就是陳燕燕主演的《乞丐千金》。當張善琨從《貂蟬》和《木蘭從軍》兩部大手筆的歷史劇中賺了錢又賺了名，一度沉寂了的古裝片風潮再度興起，做演員的挑不得戲，只有跟著大袖寬服到底。陳燕燕在「新華」的貢獻大多也是古裝戲，《琵琶記》、《生死恨》、《白蛇傳》、《隋宮春色》、《花魁女》、《杜十娘》、《女鬼》……觀眾坐在影院裏悲悲喜喜看個熱鬧，不過熱鬧過後也就記得那是陳燕燕主演的罷了。她也拍過一些時裝劇，比如曾在由話劇改編而來的《雷雨》中飾演四鳳，但那究竟只是少數。

在「新華」拍片的三四年，昔日的「小鳥」已不復剛出道時的玲瓏輕巧，陳燕燕微微發了福，另是一種溫潤豐腴的形容，嫻雅淑靜的態度，從前是活潑靈動的小花旦，如今徹底轉型成端莊哀婉的大青衣。那時古裝片風頭褪去，一半為著觀眾審美疲勞新鮮不再，更多則為局勢有變，1941底年日軍全面侵佔上海租界，電影家們在日本人眼皮底下做事，不好再拿些歷史影片「藉古喻今」。「新華」因時因勢而動，終於在不久之後與滬上眾多影片公司合組為上海影業的「托拉斯」——中華聯合製片股份有限公司，一年後又改組為中華電影聯合股份有限公司，張善琨任總經理。「中聯」旗下大牌雲集，凡有大製作，輕輕鬆鬆就能拉出個All Star Cast，比如拍攝巴金的大作《家》，「四大名旦」、「三大小生」齊上陣，「電影影后」胡蝶友情客串，明星多得數不清，直令觀眾「彈眼落睛」。

這「四大名旦」，還是要從「新華」時代說起，當年他家頭牌不是一人獨佔，而是四人均分天下：陳雲裳、袁美雲、陳燕燕、顧蘭君，這幾位美女各擅勝場，好似一年總有四時景，春夏秋冬俱有情，一時並稱「四大名旦」，風頭持續不減。陳燕燕在《家》中演鳴鳳，最終沉湖身死，又是說不盡的淒涼悲苦。她演悲情戲出了名，只要打著「陳燕燕主演」的電影，一準又賺眼淚又賺票房，過去她是中學生的皇后，而今廣受中青年婦女的傾慕，太太小姐們愛看苦戲，陳燕燕可是悲劇聖手。在演完《蝴蝶夫人》、《芳華虛度》、《情潮》、《兩地相思》這些從片名看來就帶著點悲情色彩的文藝片後，陳燕燕的「悲旦」形象早已深入人心。有人這樣評論她的銀幕表現：「她有美麗的容貌，善於演戲的天才，以及一口流利的國語⋯⋯就她的演技

來講，她能運用自己的特點，滲入從別人那裏體味得來的長處，加以融和，創立了一種新的風格……她的最佳演技是悲苦，沉鬱，靜寂，溫馴，熱情，流露時的舉止語言，頓感失望時的痛心疾首，她都能演得絲絲入扣。」（陶秦：〈陳燕燕的演技及其他〉）從人物性格的總體把握到內心情感的細膩描摹，陳燕燕正在登上表演藝術的新境界。

然而戲中人的悲情也從銀幕一點點向陳燕燕的生活滲透，當年她和黃紹芬結婚，人人都說是郎才女貌的一對，婚後兩人育有一女，看似幸福美滿教人羨慕不已。只是家家有本難念的經，不幾年婚姻卻因誤會而面臨危機，最終兩人協議離婚。藝人難當，獨身女藝人尤其不易，謠言、緋聞，捕風捉影，蜚短流長……說到底人紅是非多。陳燕燕在演藝圈摸爬滾打十多年，世事紛爭看多了也不外如是，面對流言，她始終以沉默淡然處之，然而一向體弱多病的她健康出現問題，只得暫別眾多喜愛她的影迷。

抗戰勝利後，陳燕燕重返影壇，在上海和北平兩地拍戲。1947年，她和銀幕老搭檔劉瓊合作了復出後的第一片──《不了情》。影片由桑弧導演，張愛玲編劇，文華影業公司出品，這樣的組合正是四十年代文藝片的黃金班底之一。陳燕燕飾演的女家庭教師虞家茵，尋覓到了愛情卻因為對方已是有婦之夫最終還是悄然遠離，留給觀眾一份淡淡的惆悵，深深的憾意，她的表演含蓄自然，不落痕跡，恬淡中帶著些滄桑之美，極富感染力。這部傷感而雋永的影片上映後立即引起了觀眾的熱烈反響，時隔四年後，陳燕燕的「悲旦」魅力再度顯現無疑。此後，陳燕燕又為幾家公司主演了《龍鳳花燭》、《深閨疑雲》、《神出鬼沒》、《天魔劫》等片。

1948年，陳燕燕在北平與合作《神出鬼沒》一片的男演員王豪結緣。1949年，兩人同赴香港發展事業，並組成家庭。

銀路漫漫

長路漫漫，從少女時代就在銀海泛舟的陳燕燕飛過花樣年華，越過崇山峻嶺，還要在香港開創一片新天地。1952年，她與王豪創辦海燕影片公司，夫妻合作，一導一演，堪稱南國影壇的銀色佳偶。然而正應了陳燕燕常說的一句「不如意事十之八九」，她的第二段婚姻也未能天長地久，而再度以分手告終。

演藝圈從來長江後浪推前浪，再青春年少也不過值得十年風光，有多少演員曾經大紅大紫又很快銷聲匿跡，陳燕燕卻憑著對電影的一腔熱情繼續活躍在香港和臺灣的銀壇，儘管主角已經不再屬於年近不惑的她，但只要心態平和找準自己的位置，一樣能放射出奪目的光彩。1957年，陳燕燕因在《金蓮花》一片中的出色表現榮獲第四屆亞洲影展最佳女配角獎，四年後，臺灣中央電影事業有限公司拍攝的《音容劫》在第八屆亞洲影展上展映，陳燕燕梅開二度，憑藉此片再次將最佳女配角獎收入囊中。1963年，陳燕燕加入香港邵氏兄弟有限公司，參與了《為誰辛苦為誰忙》、《閻惜姣》、《梁山伯與祝英台》、《血手印》、《新啼笑姻緣》、《花木蘭》、《蘭姨》、《藍與黑》、《千萬人家》、《十四女英豪》等片的拍攝，直至1972年息影。

但好演員總是割捨不下演藝情緣，當電視媒體以不可阻擋的速度橫掃千家萬戶，重出江湖的陳燕燕也由大銀幕轉戰小銀屏。她於1981

年加入臺灣的中國電視公司，成為該公司的基本演員，出演了《大漢天威》等電視劇。1988年，臺灣電視連續劇《昨夜星辰》在大陸掀起了收視狂潮，老一輩影迷恍若隔世地認出劇中那慈祥和藹的「周媽媽」，正是當年的「小鳥」陳燕燕。九十年代初，陳燕燕赴上海參與《阮玲玉》一片的拍攝，這一回，她在銀幕上扮演著自己，用一種平靜的洞悉回憶著半個多世紀前的點滴。1993年，陳燕燕被授予第三十屆臺灣金馬獎紀念獎。

1999年5月7日，永不停歇的「小鳥」悄然離開人世，把半個多世紀的悠長回味留給了一代又一代的觀眾。

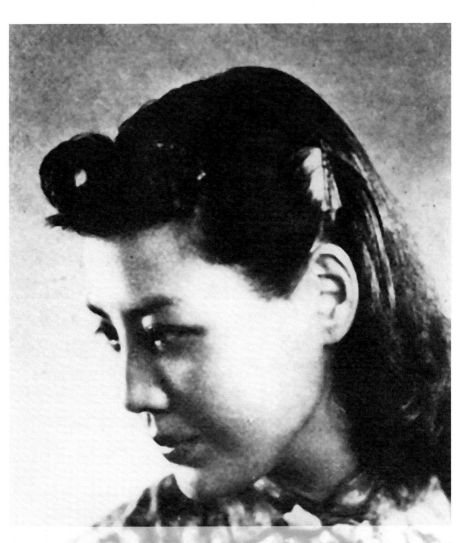

英茵

俠骨柔情奉知己

和阮玲玉一樣，她在25歲結束了生命，出於自己的意志；但是自殺原因幾年後才真相大白——「士為知己者死」，一個有著些許遺風古道的故事。1941年，英茵主演的最後三部影片中一部名為《返魂香》，似乎是個讖語，第二年，她的生命隨之落幕。她不大像演員，演員常見的矯揉造作的習氣，在她身上找不到。她孤傲地開放在藝壇，於悲劇的底色上，至盛開而戛然折斷。

躍上銀幕　本色演出

　　英茵1917年出生，原名英潔卿，小名英鳳貞。「潔卿」是英茵父親在世時取的，因為母親不喜歡，這個名字被封藏起來，直到1940年母親去世後，英茵才對外公佈了「英潔卿」的原名。在十分幼小還未記事的時候，父親病故，記憶中沒有父親的模樣，這是英茵一輩子深埋心底的傷痛和永遠無法補救的遺憾。雖是滿清皇朝的貴族，昔日皇家繁榮早已與她無關；生父早亡，家道中落，冷峻的生活無形中培養了英茵堅韌的性格。

　　父親是北平旗人，母親是海南島人，這一冷一熱的基因，不知以何種神秘方式鑄造了英茵豪爽熱情又堅執的性情。她從小生長在古老的北平城，在北平弘達學院念書時，就對戲劇有濃厚的興趣，為此英茵走出家庭，告別故都，來上海參加黎錦輝的明月社（後併入聯華公司歌舞班），其時，明月社正值全盛，擁有徐來、王人美、黎莉莉、胡笳、薛玲仙等歌舞名將，英茵亦很快成為台柱之一。1932年，在明月社集體參演的歌舞片《芭蕉葉上詩》中，英茵躍上銀幕，初次嘗試了

攝影場的生活。1934年,在上海影戲
公司出品的《健美運動》中,英茵與
歌星白虹搭檔,第一次任主演。1935
年,英茵在兩家小公司客串了《王先生
的秘密》和《桃花夢》,在「快活林」
出品的《小姨》中,英茵戲份較重,但
影響不大。1936年起英茵加入明星影
片公司,參演了幾部名片,如《小玲
子》、《新舊上海》、《十字街頭》
等,這是戰前上海實力最雄厚的影片公
司,明星濟濟,英茵沒有多少發揮餘
地,多為配角。

　　四十年後,趙丹對《十字街頭》中
幾位演員的表現有客觀中肯的評價。他
認為自己的熱情張揚雖值得肯定,然而
今天來看,他和白楊、呂班等人的表演
「帶有不少做作、過火的成分」。「那
時英茵剛進電影界,在《十字街頭》中
有一個角色,戲不多。她是剛從舞臺來
的,不熟悉電影,有些地方要我們教
她。從『會做戲』這個角度來看,我們
並不覺得她怎樣,輿論界也很少提到
她。但今天回過頭來看,恰恰是她演的

1940年的英茵

比較好，比較本色、自然」（趙丹《銀幕形象創造》，寫於1977年，2005年10月中國電影出版社修訂再版）。

　　抗戰爆發初期，英茵在上海客串了《茶花女》後，隨救亡演劇隊輾轉奔赴重慶，並在中國電影製片廠主演何非光導演的《保家鄉》。1940年，英茵回到上海，主演合眾影片公司的人物傳記片《賽金花》，將這位顯赫一時的名妓搬上銀幕，題材已足夠吸引人，加上英茵貼切的表演，叫好又叫座。1941年，英茵主演了一生中最後三部影片，分別是費穆原著、佛蘭克導演的《世界兒女》，屠光啟編劇、朱

英茵與白楊合影

石麟導演的《返魂香》，桑弧編劇、朱石麟導演的《肉》（原名《靈與肉》，公司考慮到生意眼，改名為《肉》）。

「燕趙」英姿多病身

朋友說英茵有著像男孩般的直爽性格，昂昂然猶如燕趙男兒。也許因為她是北方人吧，也許因為她過著長久流浪的生活，她不虛偽，腦子裏想什麼，嘴裏就說什麼，她不懂得「顧忌」兩字作何解釋，憑著高興做事。英茵的一個朋友寫道：「記得是去年夏天的某一個晚上，白音，鯉庭，露絲，田魯和我，大約是六七個人，在吳湄的家裏談天，那時英茵也在。因為我是南方人，所以她就沒法聽懂我的『藍青官話』，突然的，她打斷了我的話對我說：『要是我跟你軋起姘頭來，兩人之間還得請個翻譯呢』，笑得大家連腰都彎得直不起來。」（〈英茵〉，載1938年11月30日《明星》第五期）這位密友對英茵的剖析，簡直預見了1942年她自殺的悲劇——「英茵，她很熱情，這是她的好處，但也是她的壞處。很多的朋友這樣替她擔心著，怕有一天她底熱情會把她自己燃毀或灼傷了的。」（〈英茵〉）

曾與英茵合演《賽金花》的女演員丁芝在文章中回憶：「英茵是直爽的，熱情的，俠義的。總之她是一個十足的北方姑娘的代表。在演戲的時候她是非常的認真，完戲以後，她就隨隨便便地同人逗著玩笑。因此她有很多朋友，她的嗜好是喝咖啡，如果演戲之暇，她總躲在屋裏煮著咖啡饗客。」（丁芝〈關於英茵〉，載1945年12月29日《電影週報》第二期）據丁芝回憶，拍完《賽金花》後，英茵主演話劇《北京

1941年的英茵

人》大獲成功，可幕後的人事矛盾很讓
她填堵。「如果她是識時務的俊傑，她
就可以很投機地去加入某一黨或某一
派。怎奈她是個無黨派主義者，所以在
團體裏她是顯得非常的孤獨了」（丁芝
〈關於英茵〉）。

英茵的個子挺高，圓圓的臉，濃眉
大眼，給人健康陽光的印象。拍攝《健
美運動》時，導演但杜宇要求有幾個游
泳鏡頭，於是英茵開始學習游泳。「的
確，一個健美的時代女性，她必須具備
健美的體格和健美的智識，反之，像林
黛玉般的『弱不禁風』，在現時代是已
經淘汰了。自然我要做個健美的時代女
性，我必須把我的體格康健，智識康
健。而體格康健唯一的入門便是運動，
運動中『游泳運動』是占到最合理的全
體運動了」（英茵〈從健美運動談到我對
於游泳〉，載1935年8月1日《電影生活》
第二期）。

從英茵自己寫的這段話中似乎可
以看出，她活脫脫是像黎莉莉一般健
朗茁壯的女孩。但事實上，這大概只是

美好的願望，英茵一向多病體弱，在自殺的遺書中，殉友的隱情隻字未提，只說由於不堪忍受病痛折磨需要休息，從而消滅了活的意志。丁芝也曾說：「單看她的外表，似乎很健全，其實她常常喊胃病呀，頭痛呀，腰酸呀，毛病好像頂多似地，而且她還說她的病永遠治不了的。那時我也不清楚她到底害了什麼病。不過總算覺得她常常為了身體不舒服而引起消極的態度來。」（丁芝〈關於英茵〉）——她平日的健康狀態就讓人擔憂，從而遺書的說法也為人理解。

就在自殺前半年多，有記者問及英茵的健康，她答道：「是的，我身體非常虛弱，只要稍為累一點，眼前就會發黑，剛才搬一個小箱子，費了很大的氣力才搬動，真不行。我剛回上海的時候，體重是一百二十多磅，現在只一百零五磅，你想，我是這麼高的個子呀！你說我的臉瘦，噢！身上還要瘦！」（文雷〈英茵小姐〉，載《婦女界》1941年7月20日第三卷第五期）不過，若說英茵因疾患而低落不振，似乎不確切。1941年1月18日《大眾影訊》第一卷第二十八期報導英茵專心學習英文，每天上午十點到十一點，到一所私立的英文學校去補習，出入常常捧著洋裝書，或閉門自習謝絕遊宴。採訪過她的記者有這樣的印象，除非演出，平日裏英茵很少穿鮮豔觸目的旗袍，也很少化妝，淨素樸質。

綻放在話劇舞臺

平心而論，在電影圈，英茵並非很大牌的明星，她一共演了二十來部電影，不少是作為配角；後期幾部主演的影片，如《世界兒女》

和《肉》（原名《靈與肉》）反響較好，尤其是《賽金花》，獲得交口稱譽，為其代表作。然而，英茵的成就不局限於銀幕，她在話劇舞臺，更創造了多個深入人心的經典角色。

1937年6月的一個晚上，上海派克路的卡爾登戲院燈火通明，業餘實驗劇團四幕歷史劇《武則天》正在上演，由宋之的編劇，沈西苓導演。觀眾翻開說明書搜索著演員表，AB制的兩位女主演，名字都怪生疏的——英茵和聞郊。這時的英茵在影劇圈裏奮鬥了多年，有過默默無聞的彷徨，也有過接近夢想的欣喜。

英茵在舞臺首次挑大樑，是業餘劇人協會排演的《欲魔》，歐陽予倩派給她一個重要角色。雖然演了幾部電影，卻還沒有一個威震四方的角色，獲得主演《武則天》的機會，也經過許多波折，最後仍定為AB制，兩位女主演輪番上場（B角是郁達夫的侄女、女畫家郁風，因瞞著家裏演出，用了聞郊的假名）。主演古裝大戲《武則天》，可以說是英茵面向前途的一次挑戰，千萬不能演砸，不能出差錯。

第一天的戲演完掌聲雷動，英茵再三出場答謝。本來第二場應由B角郁風上，由於她缺乏經驗等原因，劇社決定由英茵一直演下去。六月的上海已經悶熱起來，裹著四五層厚的戲服，每次都汗濕一大片，連軸轉的演出，嗓子也頂不住了，但英茵硬是咬牙堅持了下來。《武則天》連演兩個月，在話劇界，英茵的名字於這個夏天節節升溫。

緊接著，盧溝橋事變和八一三抗戰接踵而至，上海隨之被拽進戰爭的洪流。「孤島」租界，1938年青鳥劇社籌演《日出》，誰演交際花陳白露呢？曾有過合作、對英茵有良好印象的歐陽予倩，邀請還留

在上海的英茵來演。《日出》公演時正是蕭瑟冷寂的冬夜，英茵穿著短袖的晚禮服，數著安眠藥，一粒，兩粒，三粒——這時她在舞臺上，叫陳白露，一個末日的交際花。誰又料到僅僅隔了四年，1942年同樣嚴寒的冬天，英茵自己出現在國際飯店708號房間，手中不是安眠藥，換成了生鴉片，她會不會想起扮演陳白露的這一幕？

1941年的英茵

演完《日出》，英茵前往重慶，與先行而往的影人匯合，除了參加救亡演劇隊，還在「中製」主演了影片《保家鄉》。重慶的空襲警報時常在耳邊轟鳴，不過比起上海，總算能呼吸到自由一些的空氣，兄弟姐妹般共處的集體生活，英茵覺得彷彿回到學生時代，她參演了《上海屋簷下》、《民族萬歲》、《殘霧》等幾齣話劇。

不多久英茵告別山城重慶，她永遠沒有再回來。

士為知己者死

　　1942年1月21日早上，失去體溫的英茵的遺骸，存放在萬國殯儀館的一角。22，23，24日，膠州路萬國殯儀館門前途為之塞。

　　影星的自殺，自艾霞、阮玲玉後，英茵是最使人傷感的一位。24日早上，烏雲密佈，北風呼嘯，後來更落下密雨。「英茵女士追悼大會」的慘白旗幟，在殯儀館上空飄揚著。憑弔者的領襟上都別著黃色的花朵。

　　張善琨、李大深、童月娟、顧蘭君、李綺年、殷秀岑、韓蘭根、王熙春、屠光啟、顧也魯、黃河、賀賓、夏霞、洪謨、藍蘭、韓非、嚴俊、徐立、岳楓、趙珍妮、趙英才等影劇兩界六七十人來到會場向英茵告別，費穆致悼詞；更有許多影迷聞訊趕來。

　　「英茵睡的，是一口紅漆西式棺木。她沒有親眷，沒有親人，唯一的至友李小姐，扶棺痛哭，顯示了人間最真摯的友情。」（〈英茵之死〉，載1942年2月7日《大眾影訊》第二卷第二十九期）這位叫李言的小姐，與英茵合租一套公寓，也是她生活中的密友。略帶潦草的遺書正是寫給李小姐的，以「親愛的言」起首，大致是說受病痛摧殘疲乏已極，尋求一個儘早的結束。

　　英茵之死與抗日志士平祖仁的關係，有的媒體雖略有所知，但因處在敵占期，無法披露內情，對英茵自殺事件的報導只說為了病情或為了戀愛，直到抗戰勝利，這一段曲折感人的往事才公之於眾。

　　平祖仁，重慶方面派駐上海負責地下工作的高級官員。鄭振鐸在〈記平祖仁與英茵〉一文中寫道，平祖仁是國立暨南大學的畢業生，

鄭曾與平同過事。「『八‧一三』以後，他做了某區的專員，但在上海做工作，行蹤很秘密。」（鄭振鐸〈記平祖仁與英茵〉，載人民文學出版社1983年9月《鄭振鐸文集》第三卷）被捕前平祖仁在家門口遭暗殺襲擊一事也被鄭振鐸記錄文中——平被敵人偵知住所，一次回家，聽到槍響，匍匐到汽車底下才機警地躲過了刺客追殺。

雖然逃過一劫，但敵偽對其行蹤盯梢已久，1941年平祖仁與太太一同被投進了極司菲爾路「七十六號」的大牢。在暗無天日的審訊室，接連的苛刑拷打卻始終撬不開平祖仁的嘴。「他受盡了人類所能忍受的極刑，甚至他的濃密的頭髮，也被刑者一根根，一把把連根的生生的拔下來；滿頭是血淋淋的……但他始終傲態如常，不曾洩露過一句機密的話，一點秘要的消息。」（鄭振鐸〈記平祖仁與英茵〉）平祖仁剛剛被捕的時候，他在地下戰線的同志們，以及與他有任何聯繫的人，都惶恐受到株連，然而時間過去很久，他們都還平安著。「平祖仁先生以自己的大無畏的勇氣，挺身受刑，來保全他們。不曾有一個人因他的緣故遭到不幸」（鄭振鐸〈記平祖仁與英茵〉）。

魔頭用刑不成改為利誘，許下高官厚祿，平祖仁仍毫不所動。困於七十六號的牢獄，他運用自己擅長的組織才幹，竟然還能展開工作——結識一同關押的政治犯、小偷、強盜，向七十六號的看守、打手、劊子手們遊說，勸說他們棄暗投明。

身份特殊的平祖仁在影劇界有一位紅顏知己，她就是英茵。1940年英茵由重慶返滬，「那時候平烈士和趙志游正在上海幹地下工作，趙志游為掩敵日的耳目起見，出面組織天風劇團，請英女士加入，恃為台柱，趙、英兩人，平時過從很密」（胡禮〈英茵平祖仁之戀愛秘

密〉，載1946年2月2日《快活林》創刊號）。一日趙志游將平祖仁帶到英茵寓所，兩人因而相識。因為地下工作的機密性質，英茵究竟如何配合平祖仁？在哪些情報事務中起作用？今已不考，不過可以推測的是，英茵劇影雙棲的身份為她提供了不少便利。身陷危難時勢，肩扛民族大義，英茵與平祖仁越走越近，關係日漸親密。

聽到平祖仁被捕的消息，英茵的震驚與痛心，也許旁人都無從體會。然而現實容不得她有半點消沉，她立刻趕到平家，安頓平祖仁夫婦的孩子，收拾這個殘破的家庭。平家別的朋友這時哪敢露面，只有英茵挺身而出。她也不得不陪著笑臉走動權貴，打探消息，設法解救。期間英茵還在上海劇藝社演出了曹禺的《北京人》。為了平祖仁奔波，為了演出排練，都是體力與精神的極大消耗。正式公演沒幾天，英茵就病倒了，喉嚨嘶啞乃至咯血，只得靜養多日，由別的戲接替。一星期後，《北京人》再繼續上演。儘管如此，《北京人》成績斐然，這是自《武則天》後，英茵在話劇舞臺的又一次高峰，可惜也是她留給觀眾告別的背影。

1942年1月8日，平祖仁被殺害了！

為避免成為敵人的線索，平祖仁的朋友和同志，英茵一個都沒去找，只在影劇圈向自己的夥伴募集了一些錢，不僅辦妥葬事，還留下一部分供給平祖仁的家屬作以後的生活費用。操辦所有這些事的時候，她是不是已經開始為自己計畫？

1月19日晚，英茵在國際飯店登記入住，化名「甘潔」（一說「乾淨」），吞下過量生鴉片——繁華的燈火，深沉的夜空，是這最後一幕的佈景。

　　20日清晨侍應生發現時，英茵已氣息奄奄，被送往寶隆醫院急救。由於隨身沒帶錢，也無人認出來，不省人事的英茵被草草擱在醫院過道上排隊候診。電影界的同事們和友人得信後陸續趕到，英茵被轉入病房灌腸救治，又經一日一夜的折騰。

　　21日凌晨，誰也未能挽回，她徹底休息了，一如遺書中寫下的願望。

　　她葬在虹橋公墓平祖仁旁邊的一穴墓地裏。

　　英茵的自殺及葬禮，在報刊雜誌上引起一片喧譁，這太像一齣電影或者戲劇了，主角又恰恰是一位年僅26歲的女演員。另一方面，大多數媒體雖情緒激烈，而就自殺原因的報導其實含糊不清，甚至對於英茵去世的具體日期都各執一詞。1945年8月全國光復後，英茵與平祖仁的交往和英茵殉友之原委才為人所知，可畢竟時過境遷，對三年多前的往事，媒體已無過多熱情。至於平祖仁，在國民黨統治時期當然尊為烈士，而1949年後，因其國民黨背景，歷史逐漸抹殺了他的名字和事蹟，相應地，英茵亦為人淡忘。

　　鄭振鐸〈記平祖仁與英茵〉一文的出版命運，與所記主人公的歷史沉浮可謂如出一轍。戰時鄭振鐸「蟄居」上海，其間創作的《蟄居散記》於1945年9月至12月間在上海的《週報》上連載。1951年《蟄居散記》結集出版，刪去了〈記平祖仁與英茵〉、〈記陳三才〉、〈一個女間諜〉、〈惜周作人〉、〈吳佩孚的生與死〉五篇。1982年福建重版的《蟄居散記》和1983年人民文學出版社的《鄭振鐸文集》第三卷中，才補收了上述除〈吳佩孚的生與死〉之外的四篇。

鄭振鐸以這樣一段話作為〈記平祖仁與英茵〉的結尾：「這一齣真實的悲劇，可以寫成偉大的戲曲或敘事詩的，我卻只是這樣潦草的畫出一個糊塗的輪廓。渲染和描寫的工作是有待於將來的小說家、戲劇家或詩人的。故事太真實了，時間太接近，人物太熟悉了，有時反不易有想像的描繪。」

袁美雲

天邊一朵雲

袁美雲，人如其名，清新脫俗得宛若天邊一朵美麗的浮雲。這個名字是她步入梨園後，師父給她取的，原本只圖個好聽上口，卻彷彿一語成讖，從此她就再也沒有逃脫浮雲般的命運。她是輕柔素淨的，也是無依無憑的，隨風飄浮，隨風消逝，來去都由不得自己做主。袁美雲九歲過繼給人做養女，十一歲登臺表演，十五歲躍上銀幕，小小年紀就已嚐盡世事艱辛。雖然也曾因為在影片《化身姑娘》中反串男裝的扮相和幽默風趣的表演風靡上海，她最擅長飾演的卻仍是那些悲情的角色，如《逃亡》中孤苦伶仃的少女小雲，《西施》中傾國傾城的美女西施，《家》中梨花帶雨的梅表姐。然而有誰料想，就是這樣一位曾在銀幕上大放異彩的演員，最後卻在鴉片、牢獄、病痛、嘲諷的夾擊中結束了影壇生涯。這個天性寡言少語，沉靜內向的女孩，從猶豫著步入影壇開始，也許就註定了日後的如許無奈。

走出梨園行

蘇杭之地，魚米之鄉，這片山明水秀的土地曾滋養過歷代無數佳人，也同樣給了袁美雲一身清靈秀美。1918年，她出生於浙江杭州，原名侯桂鳳，少時家境清貧，九歲上下又沒了父親，孤兒寡母眼看生活難以維繫，母親便以五百元的身價把她抵押給蘇州人袁樹德做養女學戲，押期八年。袁樹德為她改名「袁美雲」，從此開始了單調枯燥的梨園生涯，每日所留心的，只是「流水」和「倒板」的調門，「開臉」和「身段」的考究，夢想著有朝一日能在戲臺上搏個滿堂喝彩。

學戲本該是個苦差事，好在袁美雲自幼
對唱戲就感興趣，天資又聰穎，進步很
快，在學戲時期，「從來沒有受過鞭
笞，甚至呵斥之聲也沒有聽到過」。
（〈訪問袁美雲〉，載1941年8月15日《中
國影訊》第2卷第21期）學著一點皮毛
後，便開始隨養父四處登臺表演，到過
上海、蘇州、無錫、常州、杭州等地，
在蘇杭兩處唱得最久。十多歲的袁美雲
在戲臺上長大，吟唱西皮流水，見慣人
情冷暖。

　　1932年，一個偶然的機會，袁美
雲在上海天蟾舞臺演出，常來看戲的天
一電影公司老闆邵醉翁注意到這個眉眼
清秀的小丫頭，想找她拍電影。邵老闆
與袁美雲母親和養父袁樹德商量，可是
兩位家長非但不答應，還強烈反對，他
們認為「拍電影沒有出息，這些黑黑白
白的照相有什麼用，京戲學了四年，
剛有一點成就就丟了去做旁的事情，
於情於理上，未免都講不過去」。（靜
流〈我的銀幕生涯‧藝海十年苦鬥史〉，
載1944年5月10日《新影壇》第2卷第6期）

1933年的袁美雲

45

何況，那時中國電影事業並不景氣，在一般人看起來簡直近乎兒戲。經邵老闆一再解釋和勸說，父母才開始有些心動，問袁美雲自己如何打算。此時的袁美雲已長大了些，雖還不成熟，卻也有了點自己的小主意。依著年輕人喜新厭舊的天性，她是很想去電影圈闖一闖的，但又害怕一步踏錯，遺憾終生。在這個人生的十字路口，她疑慮重重，整整三天寢食難安，最終還是水銀燈下的絢爛與神秘吸引了她，她狠一狠心腸，「懷著一種說不出的心情跨進電影圈，開始去找尋新的天地，和新的安慰了」。（靜流〈我的銀幕生涯・藝海十年苦鬥史〉）

第一次拍戲，袁美雲客串天一公司的《遊藝大會》，片中穿插京戲和歌舞，她參加了一齣《遊龍戲鳳》。邵老闆對袁美雲的銀幕嘗試挺滿意，邀請她成為天一的正式演員，但她還沒決定完全放棄唱戲，僅答應訂一年的合同，並規定一年只拍三部戲。接著袁美雲在《小女伶》中出任主角，這年她才15歲。編劇參照袁美雲的故事創作了劇本，主人公是一個出身寒微、唱戲成名的女伶，初涉影壇的袁美雲本色演出自己的命運和切膚的悲歡，自然出眾。正值豆蔻年華的她，緊緻的小臉，忽閃的眼睛，婉轉的身段，清純的風度，一下子迷住了觀眾，由此成為影迷們追捧的明星。

接著她又在「天一」陸續主演了《生機》、《飛絮》等片，同年她還被藝華影業公司借去拍攝影片《中國海的怒潮》，飾演漁家女阿菊，細膩生動地刻畫了她從甘受欺凌到勇於鬥爭的成長過程，受到廣泛好評。影片拍攝完成後，袁美雲便離開「天一」轉簽「藝華」。有人說「天一公司好像一個演員養成所，最初時候，胡蝶，阮玲玉，張慧沖，蔡楚生等，都在那裏跑過龍套，做過配角，將來一個個跳

出龍門，交起好運來了。」（陳平〈從荊棘中掙扎起來的「小女伶」袁美雲〉，載1940年6月5日《影藝》第4期）這話不假，袁美雲也是一個很好的例證，她在「天一」雖當上了主角，也不過混個臉熟，靠著唱戲的底子，在一些影片並不需要的段落生生加入唱段吸引觀眾，而真正的大紅大紫則還要從步入「藝華」開始。

步入電影圈

1934年，袁美雲正式與藝華影業公司簽訂三年拍片合同，這一場再普通不過的人事變動，從此掀開她成為一線明星的序幕。那時的「藝華」，才剛剛起步，還只是一個只有「三間矮屋，一片空坪」的小公司，為了在「明星」、「聯華」兩大影片公司的夾擊中求得生存，不得不另闢蹊徑尋找市場空間。老闆嚴春堂看到左翼影片受到廣大觀眾的歡迎和進步電影評論的支持，便吸納了一些左翼電影工作者如田漢、陽翰

1934年的袁美雲

笙、夏衍等，拍攝了多部左翼影片，以迎合當時風起雲湧的民族解放
運動。而其中最受歡迎的就是由岳楓導演，袁美雲、王引主演的《逃
亡》一片。該片講述了塞北農村一戶農民家庭的坎坷遭遇，表現了人
民從忍辱負重到團結抗日的轉變過程。袁美雲在其中飾演少女小雲，
楚楚動人的扮相和生動自然的表演讓人們重新認識了這個從戲臺上
走來的「小女伶」，紛紛給予好評。此後她還接連主演了《凱歌》、
《暴風雨》、《人之初》等進步影片，反響頗為不錯。

　　但是藝華影業公司的「藝術正義」在國民黨當局的干擾與打擊
中未能堅持，從1935年年底開始，製片思路迅速由左向右轉，拍了
一系列歌舞昇平、談情說愛的「軟性」電影。公司轉向，演員自然也

袁美雲在《化身姑娘》中男女兩種裝束

只能跟著轉，這一時期的袁美雲，一改過去窮苦出生的酸楚模樣，穿上小洋裝，談起了甜甜蜜蜜的戀愛，其中最成功的一部無疑就是喜劇片《化身姑娘》。這部片子講述了一個富商女兒為矇騙重男輕女的祖父不得不女扮男裝的故事，其間穿插了各式愛情段落和滑稽噱頭。高挑瘦削的袁美雲以男裝出鏡，分頭短髮，西裝革履，讓人耳目一新，大受歡迎，影片也因此一連拍了四部續集。雖然也有人指責這些片子內容無聊至極，渲染低級趣味，特別在抗日局勢日趨嚴峻的當時，更是有些恬不知恥。但袁美雲卻確實憑此身價暴漲，不僅成為「藝華」片酬最高的明星，還漸漸逼近胡蝶等老牌影星的地位。一個演員與公司簽了合同，演什麼片子都是公司定了的，很多時候往往身不由己。何況一介凡俗女子，如何能管得了這許多藝術正義、民族大義，能無憂無慮地拍戲掙錢，養家糊口就是最大的慶幸了。拍《化身姑娘》的那會兒，正是袁美雲最當紅的黃金時期，這個貧苦出生的女孩也著實過了些歡樂的時光，「那時真是快樂得我猶如生了翅膀一樣，自由自在，無憂無愁，自己愛怎麼樣便怎麼樣做……」（靜流〈我的銀幕生涯‧藝海十年苦鬥史〉）

　　可是這段時光並沒有持續多久，個人自可以不理外界的風雨變遷，只單純地拍自己的戲，然而時局的震盪又豈容人置身事外？1937年八一三淞滬抗戰爆發，各影片公司紛紛停業整頓，袁美雲也從「藝華」退了出來。沒戲拍的時候，她重操舊業，和名伶周信芳連袂在「卡爾登」唱過半個月的平劇，同時籌備著要逃出上海，最先計畫去重慶，後來卻因為種種原因沒有去成，轉而逃至香港，拍了一部和《化身姑娘》差不多類型的影片《女少爺》。正在猶豫著要不要和香港的南粵

影業公司簽約時，新華影片公司的老闆張善琨找到了她，得知上海又能重新拍戲後，她便匆匆結束了平生最遠的一次出門，回到了熟悉的上海影壇。

此時的上海已淪為「孤島」，及至太平洋戰爭爆發後，更為日軍所佔領。政局雖然幾易更迭，袁美雲仍拍片不輟，她有兩位高堂在上，有很重的家累要養活，她無法想太多。雖然此時的她已無法再現拍《化身姑娘》時的盛況，但仍是「新華」的一根台柱，和陳雲裳、顧蘭君、陳燕燕並稱「四大美人」，相繼有《茶花女》、《日出》、《少奶奶的扇子》、《西施》、《紅樓夢》等影片問世。其中最有影響的是兩部古裝大片《西施》和《紅樓夢》。袁美雲的古裝扮相很討巧，比之時裝更為動人，因為她的「演技風格既是東方典型，其面貌亦屬於古典化。穿上古裝之後，另有一番風韻，雖胡蝶、陳燕燕亦不能與之相比擬。且因其演過京戲，對於走路姿態，又較他人為勝。」（琴蓀〈袁美雲的戲路〉，載1943年12月10日

《上海影壇》第1卷第3期）有如此諸多優勢，《西施》等片能得到各界好評，自屬意料中事。

　　算來，自袁美雲15歲步入影壇，至此也已十年有餘，片子是拍了不少，但大多為糊口之作，自己真正滿意的並不多。即使如《紅樓夢》這樣名動一時的巨作，雖然製作嚴謹，由著名導演卜萬蒼執掌，集聚了袁美雲、周璇、王丹鳳、白虹等一眾明星，取得了不錯的票房成績，但袁美雲自己卻並不喜歡。她自己唯一比較滿意的作品便是一部《西施》，該片將春秋時「臥薪嘗膽」的故事搬上銀幕，在「孤島」環境下，以借古喻今的方式曲折表達抗日愛國之志。1941年春天，《西施》作為「巨片」在「大光明」和「大上海」上映，這兩家影院向來只放映好萊塢影片，《西施》正是耀揚國片威風。

冷暖心自知

　　在藝華影業公司拍戲的三年，可說是袁美雲最輝煌的黃金時代，名聲蒸蒸日上，片酬漸漸看漲，鮮花掌聲，風光無限。但其實明星的工作也有許多無可奈何，拍什麼戲身不由己，流言蜚語無力辯駁，浮華背後盛滿了隱忍的苦痛。

　　袁美雲來到「藝華」所拍攝的第一部影片《人間仙子》就讓她深感不快。這部片子由但杜宇編導，這位學美術出身的導演很講究影片的視覺美感，在片中穿插了一些香豔的舞蹈場面，要求演員身穿緊身服，袒胸露肩，伸出大腿。該片問世後，被批評是利用肉感鏡頭迷惑觀眾，雖然袁美雲因此一時名聲大噪，內心卻極其不悅。她當時年紀

1935年的袁美雲

輕，臉皮薄，拍戲時全憑導演的指揮，不想卻受到小報文人如此攻擊，生了一堆悶氣。自此以後，接片時便多了一份心眼。

拍戲負傷在攝影場裏更是常有的事，袁美雲在藝華公司拍《小姊妹》時吃到苦頭。各公司的攝影場大多有地下層，夜裏拍戲，袁美雲到化粧室換衣服，不小心一腳踏空，從地面跌到地下層，當場昏厥，地穴裏都是洋釘和木塊，她的膝蓋受傷，醒來後痛得直叫。幸好演員王引當時也在片場，急忙跳下去將她救起。這位救美的英雄日後便理所當然成了她的丈夫。不過他們的結合也是歷盡波折，還牽涉到袁美雲的一段辛酸史。

在藝華影業公司時，袁美雲是當家花旦，王引是台柱小生，第一次合作主演《中國海的怒潮》時，兩人就互相吸引暗訴情衷。及至合作完《逃亡》、《凱歌》等片後，早已是情投意合，如膠似漆了。本來青年男女，談情説愛，旁人無甚閒話可説，不想此時卻突然爆

出袁美雲欲與袁樹德脫離父女關係的新聞，還含沙射影是王引教唆指使，對袁美雲的聲譽影響極大。面對甚囂塵上的謠言，袁美雲不得不站出來剖白：「這次為爭自由而奮鬥，並不是所謂『在這個原因下而突然發動起來的』。其實，我在精神上的打算，早已潛伏在心底深處很久了，只是，我年輕，缺少一般勇氣。同時，我不忍看見可憐的面孔，所以我幾次三番隱忍不發。」（〈袁美雲的剖白〉，載1935年11月18日《影舞新聞》第1卷第20期）

其實這件事，實在不能推給王引，而是袁美雲母親的主意。自袁美雲和藝華影業公司簽訂合約後，起初月薪250元，及至拍了幾部片子，名聲日益顯赫後，已加到500元了。然而這錢別說袁美雲的母親拿不到分毫，就是袁美雲自己也享受不到。她既已是過繼給袁樹德的養女，每月月薪還有每部戲的酬勞就只得都上繳給袁樹德。這自然引起了她母親的不滿，不過從前即使不滿，也只能放在心裏，及至1935年，時袁美雲8年押期期滿，母親便想乘此機會把她領回，並從此和袁樹德斷絕養父女關係。這一下，袁樹德可不樂意了，又是找律師，又是登報控訴，紛紛揚揚把事情鬧大了。袁美雲夾在兩位家長中間，兩頭難做人，經各方耐心調停後，才總算和解。重新簽訂了一個約定，養父女關係永不斷絕，至於袁美雲的月薪，以後一半給袁樹德，一半留給自己，而拍戲的酬勞則全由自己享用。

這場家庭風波總算過去後，她和王引之間的戀愛又陡生波折。袁美雲學戲出身，又在影壇正當紅，父母自然希望她嫁個金龜婿。而王引雖也是個著名演員，和達官貴人相比，還是寒磣了些，所以對他倆的事橫加阻攔。不想，袁美雲雖然平時看似柔弱，終身大事上卻毫

不含糊，她知道王引沒什麼錢，又要稱父母的心意，便幫助王引四處籌錢，在經濟上都滿足了兩位監護人的要求之後，兩人才如願締結婚姻，婚後甜蜜依舊。1938年袁美雲和王引雙雙加入新華電影公司，王引從演員轉行為導演，他所執導的影片，大多由袁美雲主演，正可謂夫唱婦隨，是一對讓人稱羨的銀壇伴侶。

落寞的謝幕

　　若說前面的這些風波還只是袁美雲在全盛時期的一些小小挫折的話，那麼1940年以後，自她慢慢走上演藝事業的下坡路時，潛伏的危機就如定時炸彈一般，一個接一個相繼爆發。

　　首先就是她的身體健康問題。有一位作者在文中曾這樣直言不諱地說道：「近來看了袁美雲的影片，忽然就擔心起她的健康來。……她在銀幕上給我的印象是比從前更『纖弱』了。」（畢加〈日趨衰境的袁美雲〉，載1943年《影劇界》第1卷第2期）袁美雲自己也承認：「近來自己的身體也越來越壞了，我不能多拍戲，拍多了我就得躺在床上——要不是為了我要負擔家庭，我早就不拍戲了！」（靜流〈我的銀幕生涯‧藝海十年苦鬥史〉）

　　除了身體外，入行已十多年的她此刻在心境上也有了很大的變化。對於這些年在鏡頭前度過的生活，1944年拍攝《紅樓夢》時的袁美雲曾感歎道：「老是在戲中過著遊戲似的人生，我已漸漸地由疲倦感到乏味了。最初是新奇的誘惑，使自己歡天喜地工作，越到以後，我的膽子越被壓迫得像芝麻那麼小了……凡是我們在電影界工作略有

些年份的，他們誰都會有共通的感觸，時常為了一部戲的公映，弄得自己茶食不進，自己老在想，要是再給自己拍一遍多好。可是事情怎麼能如你所想的那麼容易……自己最怕的莫過於輿論界的批評——尤其是最近幾年來。」（靜流〈我的銀幕生涯‧藝海十年苦鬥史〉）

言語間已流露出退隱之意，只是為了承擔家庭重責，她苦苦支撐，有時一天還要接連趕幾個片場。身體垮了，心態疲了，壓力無處排解之時，便漸漸染上了一項惡習——吸食鴉片。在鴉片煙的侵蝕下，袁美雲本就纖弱的身體更是形銷骨立，原本可人的風采，日益黯淡。

1945年抗戰勝利後，袁美雲的日子就愈發難過了。先是因為曾在日偽控制下的「華影」工作過而被認定為附逆影人，繼而又爆出吸食鴉片的醜聞，還因此在監獄裏被關了6個月。出獄後，袁美雲自感顏面無光，和丈夫王引一起遷居到了香港。夫妻倆共同創辦了「良友影片公司」，王引是策劃人和導演，有時也兼男主角，袁美雲自然是主演。1948年後她因為做咽喉手術時不慎損壞聲帶，從此告別銀幕，轉而協助王引製片，解放後兩人還到過臺灣、美國等地拍片。

1987年，王引身患重病，子女又不在身邊，因此袁美雲便偕同王引一起返回大陸定居。翌年，當他倆度過結婚五十周年紀念日之後，王引溘然逝世，只留下袁美雲一人獨自居住在她的故居恒業里，平日深居簡出，謝絕參加一切社會活動，直至1999年2月19日去世。

當袁美雲還在影壇浮沉時，一次接受採訪曾這樣說過：「等結束了銀幕生活，她將要在山明水秀的所在，建起一幢住宅，安度恬靜舒適的逍遙歲月。」（梅君〈袁美雲‧影壇十年苦鬥史〉，載1944年9月15日

《新影壇》第2卷第2期）不知在她平淡的晚年歲月中，這朵漂浮的雲有沒有找到一直嚮往的寧靜與安逸。

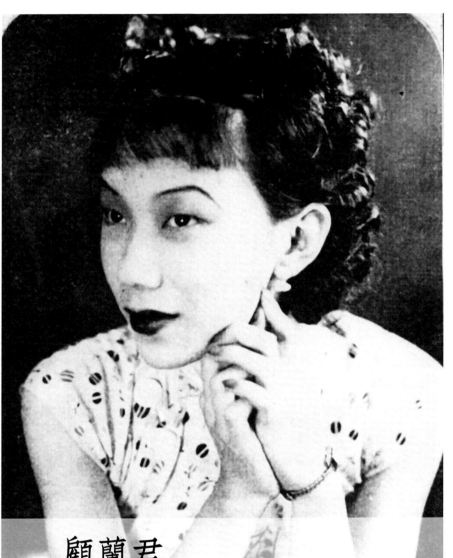

顧蘭君

譽滿銀壇的「小姨」

她被喚作「小姨明星」,「金魚美人」。女明星中,好聽的封號有「標準美人」、「模範美人」、「甜姐兒」……輪到顧蘭君,如何都是些詼諧的名字?聽了她的故事,看看她的舊影,也許你能會心一笑。可是,一笑而過,你又不得不為她的人生輕歎。顧蘭君曾是「孤島」時期最鼎鼎大名的女星,她主演的《貂蟬》曾赴美獻映,受到激賞。她為人豪爽,感情道路卻坎坷波折。人們都望得見銀幕風光,誰又看得穿心中落寞?

明星公司的「姊妹花」

　　顧蘭君有個明星姐姐叫顧梅君,有個導演姐夫叫徐欣夫,顧梅君與徐欣夫都供職於明星影片公司,他們對顧蘭君走上銀壇有非常直接的推動作用。

　　顧小蟬是顧蘭君的原名,原籍鎮江,1917年出生在上海。除了姐姐顧梅君,她還有個妹妹叫顧麗君。蘭君與梅君早早地浸染在文藝圈,姐妹倆曾在上海威海衛路智仁勇女中求學,都愛交際,擅唱京劇,是出名的票友。當時有聲片剛剛興起,洪深為明星公司從國外購進有聲機器,可是大家從未拍過有聲影片,默片演員們對於表現有聲片沒有絲毫感覺。明星公司的三巨頭合議,想出培養有聲片人才的一個辦法,明星歌劇社於是應運而生,社員都是明星公司的演員。顧梅君姊妹與公司三巨頭之一的周劍雲相識,於是顧氏姐妹也加入明星歌劇社,同台表演尤為突出。同一時期,在「明星」任導演的徐欣夫與顧梅君的戀愛也宣告展開,不久就結為伉儷。由這一對出名的姐姐、

姐夫提攜，顧蘭君順利踏上星途，他們三人還常常連袂出席交際場合，人們也因此稱顧蘭君為「小姨明星」（星谷〈銀色鴛鴦訪問記之一：顧蘭君與李英〉，載1941年4月20日《中國電影畫報》第六期）。

1935年的顧蘭君

頂著「小姨明星」的頭銜，似乎姐姐、姐夫出名，自己就一步登天，實則不然。顧蘭君曾在夏衍編劇，張石川導演的《前程》、鄭伯奇、阿英編劇，徐欣夫導演的《鹽潮》等十餘部影片中跑過龍套。就是在著名的賣座影片《姊妹花》中，她也只是演一個名叫「香兒」的丫鬟，這一年顧蘭君16歲，身材瘦小略帶青澀，演丫鬟倒有幾分貼切。由鄭正秋編導、胡蝶分飾雙胞姐妹的《姊妹花》創造國產片連映六十多天的紀錄，顧梅君也在其中演出一個配角，她和顧蘭君才是名副其實的「姊妹花」。

顧蘭君第一部較有影響的作品是與趙丹合作的《上海二十四小時》，是由夏衍編劇、沈西苓導演的左翼影片，由

於筆鋒過於犀利，揭露人吃人的社會毫不姑息，影片被電影檢查機構足足扣押了一年，反覆審查十多次，大肆刪剪，1933年攝製的影片直拖到1934年12月才准予放映，其時已面目全非。顧蘭君飾演紗廠童工的姐姐，可惜這部影片今已不存。接著顧蘭君在《路柳牆花》、《落花時節》、等片中出演較為重要的角色，與「標準美人」徐來等合作。戲劇性的一幕發生在1935年，徐欣夫籌拍《翡翠馬》，原定由妻子顧梅君出演女主角，不巧顧梅君臨產，倒也不麻煩外人，直接讓小姨顧蘭君頂替。這是一部講述緝毒故事的偵探片，情節曲折，懸念迭出，票房不錯，顧蘭君在片中鶯聲初啼，這顆新星開始為人注意。接著她又在徐欣夫編導的偵探片《金剛鑽》、《生龍活虎》兩片中擔任主角，「小姨明星」的大名漸漸叫開了。徐欣夫最擅長偵探片題材，姐夫的悉心指點與自身的勤奮進取，顧蘭君不斷磨練演技，模樣也愈加出落得娉婷玉立。她沒有錯失機會，在銀幕上逐漸成熟，她不再只是顧梅君的妹妹、徐欣夫的小姨，於群星閃耀的上海儼然已有自己的一席之地。才二十來歲的顧蘭君，一副韻味十足的丹鳳眼，加上纖腰翹臀，風情獨特，好事者為她起了個「金魚美人」的雅號，很快就流傳開來。

《貂蟬》振興凋零影業

1937年八一三淞滬抗戰後，上海影業遭受重創，赫赫有名的明星影片公司毀於炮火被迫停業，大批影人離滬，整個電影圈一下子蕭條冷落下來。期間，無片可拍的顧氏姐妹曾開過一家「梅蘭花店」。

1938年，顧蘭君加入新華影業公司，受到老闆張善琨的器重，主演《貂蟬》。雖然炸彈有時從頭頂飛過，但租界照樣歌舞昇平，相對安定。經過喘息，影界才漸漸復甦。電影公司大多步履艱難，善於投機鑽營的張善琨仍然如魚得水，在1937年抗戰爆發直到1941年太平洋戰爭打響的「孤島」時期，張氏麾下的新華公司稱雄獨步。張善琨大力炒作古裝片《貂蟬》，再次向「大光明」要求首映。「大光明」是西片頭輪影院，也是滬上檔次最高的影院。1935年除夕夜，張善琨曾費盡心機安排自己出品的《紅羊豪俠傳》在「大光明」放映一次半夜場，《紅羊豪俠傳》遂成為第一部登陸「大光明」的國產片，張善琨藉機大肆炒作，影片得以獲得很高的賣座。這一次張善琨故技重施，《貂蟬》終於擠進「大光明」為國產片揚眉吐氣，這又是絕佳的宣傳效應。《貂蟬》在上海連映70天，票房之火爆讓同行都為之垂涎。

顧蘭君在《貂蟬》中飾演貂蟬

顧蘭君在片中挑大樑，飾演貂蟬，魁梧硬漢金山演呂布，顧而已演太師董卓，魏鶴齡演司徒王允。《貂蟬》1937年開始拍攝，抗戰全面爆發後，金山、顧而已、魏鶴齡到武漢參加抗日演劇工作，拍攝被迫中斷。《貂蟬》由卜萬蒼編導，劇本嚴謹，製作精良，又曲折地隱含抗戰意義，張善琨敏感地意識到，這部影片一定能在低迷的「孤島」張起一面大旗，絕對將是賣錢的好片。但是三位男主演不願返滬，權衡之下，張善琨不甘前功盡棄，不惜血本要續完影片，1938年他請金山、顧而已、魏鶴齡三人從武漢乘坐飛機到香港，借用南粵公司攝影棚，終於由原班人馬完成了歷史巨片《貂蟬》，新華公司為此花去了一萬多元。1938年4月28日，《貂蟬》在「大光明」首映，張善琨事先大做廣告，廣為宣傳，《貂蟬》一片轟動「孤島」，為振興影業注下了一帖強心劑。1938年，上海金城影片公司經理歐聖鐸購得該片在海外的放映權，將影片運往美國，於當年11月8日在紐約最高貴的大都會歌劇院首映，紐約市長賴格第和各國外交使節均出席了首映式。影片經好萊塢的電影技術專家做了剪接整理，並添加了英文字幕，放映後口碑極高。當天的票價每張高達6美元，但仍銷售一空。放映收入兩萬美金全部捐給中國大學作為教育基金。（張偉《貂蟬》，載百花文藝出版社2005年1月《紙上觀影錄1921-1949》）紐約報界對《貂蟬》好評一片，對中國戲劇乃至中國藝術都表示出景仰之情，隨後《貂蟬》又到美國密歇根大學公映。

　　《貂蟬》一出，顧蘭君順理成章高居群星之首，成為影壇一姐。接著她又主演了柯靈編劇的《武則天》，周貽白編劇的《葛嫩娘》

等，這些歷史片由名家寫作，且精心攝製，都是「孤島」期間的佳片。當時影壇趨勢是古裝片一發不可收拾，顧蘭君主演的《武松與潘金蓮》、《四潘金蓮》、《王熙鳳大鬧寧國府》、《李香君》、《紅線盜盒》等片，大都比較賣座。她已是人氣女星，演技也愈磨愈精，比如在《武則天》中，她演出武則天一生故事，細緻刻劃了女皇的多重性格，今天看來猶覺精彩。顧蘭君塑造的巾幗名流，大多性格強勢，忠貞堅毅如明末秦淮名妓葛嫩娘和李香君，刁橫潑辣如王熙鳳和武則天，顧蘭君的銀幕形象獨樹一幟，具有鮮明的風格。

這和顧蘭君的爽直特質有相仿之處。「凡是和顧蘭君熟悉的，都知道她的性格。她不像女人，有著男人的性格。她善於飲酒，每飲必醉，喜講話，講人所不敢講。這些都無遜於她的聲譽，反而是她的特點」（〈記顧蘭君〉，載1947年1月《中國影壇》第一期）。

《電影雜誌》採訪她時，言談之間也頗能見出她是個直來直去的人。

問：你喜歡主演古裝片還是時裝片。

答：夏天愛演時裝片，冬天愛演古裝片。

問：小姐所主演的片子是哪一部較滿意？

答：都不滿意是最妥當的回答。

問：假使影迷來信問你要照片你會拒絕嗎？

答：看影迷的運氣，來信很多的話，就表示頭痛。

問：你對哪位男明星的演技表示好感？

答：不能公開表示。公開的話，會答得他們頭重腳輕。

（節選自〈顧蘭君〉，載1948年11月16日《電影雜誌》第廿八期）

除了擅長演出適合個性的角色，顧蘭君也嘗試拓寬表演領域，比如《香衾春暖》和《蕩婦》中風騷的交際花，比如《兩代女性》中誠摯的母親等，而在巨片《家》中，她表現瑞珏的懦弱和溫文，也頗見功力。從前顧蘭君頂著「小姨明星」的稱號出道，現在她用努力和實力證明了自己，也只有這樣，才能立於不敗之地。

　　做明星雖然出盡風頭，可是攝影場裏甘苦自知。顧蘭君曾坦言：「我從十五歲那年開始從業電影以後，到現在已歷近七年了。在此近七年的過程中，片子既演得不少，種種甜酸苦辣的況味，也早有過了較多的體驗；簡括一句話，可說是甜的成分委實極少，而苦的情味，卻來得太多了。」（顧蘭君〈樂與苦──寫一些從業的經歷與感想〉，載1939年7月1、2、4日《申報》）有時為了隔音，攝影場造得如銅牆鐵壁般厚實，另加隔音板，張滿布毯以減少回聲，導演一聲「開麥拉」之前，將進出門戶都閉得密不透風。攝影場的燈光極強，「集中火力」對準演員，烤得皮膚發燙作痛。正式開拍前，還要排練再三，如遇暑天則實在悶熱難耐。在攝影場日以繼夜地工作，對體力是絕大的考驗。一次顧蘭君同姐姐顧梅君拍攝《蘭閨飛屍》，梅君將新買的一個淡灰色手提皮夾帶去攝影場，不到兩天工夫，皮夾給燈光照射得面目全非，淡灰色竟然變成淺紅色。顧蘭君看著這皮夾，不禁感歎「物猶如此」，險些兒掉下淚來。拍攝《兒女英雄傳》時，顧蘭君站在屋頂失足跌下，在場的人都大驚失色，幸好傷勢不重，只敷了一些藥膏，那一陣朋友們見到她常要打趣說：「蘭君，狗皮膏要嗎？」「顧小姐，狗皮膏要嗎！」

走不進的人　抓不住的愛

　　女明星的婚戀總是格外引人關注，翻看報紙的時候，大概巴不得「浪漫報導」比當年最佳劇本還要跌宕起伏，百轉千迴。

　　1939年6月25日，市中心的大新公司（今上海市第一百貨商店）四樓，有一件熱鬧的新鮮事，為籌善款救濟不斷湧入租界的難民，良友圖書印刷公司創始人伍聯德發起的明星照片義賣展覽會，在這一天剪綵揭幕。攝影家無償提供作品支援義賣，明星們也踴躍出力以壯聲勢，他們為照片簽名，為展會題字，每天還有兩位明星親臨會場招待，吸引了大批影迷。義賣會「共展出5英寸照片五百八十張、18英寸放大照片三百二十一張、30英寸大型照片九張」（張偉〈「孤島」上的影星義賣活動〉，載上海辭書出版社2002年7月《滬讀舊影》）。

　　不過最大的懸念彷彿不是共能籌得多少善款，而是誰的照片賣得最貴。5英寸至18英寸照片標價從3角到10元，而30英寸的大型照片公開拍賣，底價50元，出價最高便為得主，由演員親自題上下款，授給買家。周璇的大照片由煙臺張裕釀酒公司以100元購得，童月娟、陳燕燕等人的大照片分別賣到200至300元。拍價越高，顯得照片主人魅力越大、人氣越旺，臉上更有光彩，無形中，有的明星暗中較勁，不願落在人後。

　　顧蘭君抗戰前就活躍銀幕，為人所識，抗戰爆發，因主演《貂蟬》，成為古裝片女王，是新華影片公司、也是全上海的頭牌女星。但是一個人的到來，遮掩了顧蘭君的光環。1939年2月陳雲裳主演的《木蘭從軍》上映，連映85天，創下新記錄。從香港來滬的陳雲裳年

輕漂亮，加之新華公司老闆張善琨的力捧，陳雲裳迅速竄紅，從香港的二流明星搖身變為大上海的尊貴花旦，把一眾女星都比了下去。而且，張善琨對陳雲裳的特殊優待也早已引起了顧蘭君、袁美雲等人的不滿。這次照片義賣，恰巧正是顧蘭君和陳雲裳的大照片競爭最為激烈，價格從第一天的50元起就直線飆升，閉幕那天，陳雲裳的大幅玉照被哄抬至5000元售出，而顧蘭君照片的最終售價，則是讓人乍舌的6000元！

是誰願意花6000元買女明星的一張照片？他是僅僅為了得到這薄薄的照片嗎？他想必也有為顧蘭君捧場的意思，幫助她贏得這場好戲。那麼，他是不是為了博取顧蘭君的好感呢？這是他公開表示的一種方式嗎？這些問號，可能顧蘭君也曾在心裏自問，掂量自己該如何應對人家的慷慨美意。

此人號稱「一大山人」，真名顧乾麟，這一年30歲。顧乾麟出身鉅賈之家，本人也好學能幹，是著名實業家，當然對於他，6000元絕非難事。其實早在轟動的「義賣風波」之前，報上便常有顧蘭君與「長腳顧姓者」過從甚密的報導，說他們頻頻出入舞榭，兩人行將結婚的說法也愈傳愈熾，以至顧蘭君只得親自捉筆撰文，為之闢謠：「市上電影刊物，近載蘭君於下半年間將與顧姓其人者，舉行婚禮云云。此種謠傳，空中樓閣，全非事實。深恐以訛傳訛，不能不作一言，以正視聽。」（〈顧蘭君題字闢謠〉，載1939年6月30日《電影新聞》第十七期）經過「天價捧場」，顧蘭君與「一大山人」的親密關係更為沸沸揚揚。

這個人能嫁嗎？

「一大山人」有錢有才有情有義，可是也有妻兒，還有姨太太呢。心高氣傲的顧蘭君，初嚐感情的無奈。就在顧蘭君陷入與「一大山人」說不清道不明的糾纏中時，另一個男人的闖入，乾脆而有效地解決了這道難題。可是，結果幸與不幸，還真難說。

1940年，在徐欣夫編導的影片《黃天霸》中，李英演黃天霸，顧蘭君演黃天霸的妻子張桂英，這一對夫妻竟然假戲成真。姐姐顧梅君、姐夫徐欣夫大為不滿，認為李英秉性風流，做派不正，勸顧蘭君三思。而此時的顧蘭君正幸福得眩暈，根本無暇冷靜，索性從姐姐、姐夫家搬出來，半公開地與李英結合，不惜與梅君一度反目，出乎大家意料。

拍完《黃天霸》，李英在光明影片公司編導《薄命花》，並與顧蘭君一同主演。愛情的火焰似乎也點燃了事業的熱情，接著，兩人更有大手筆，於當年創辦光華影片公司，共出品《紅拂傳》、《同命鴛鴦》兩部影片，1941

1941年的顧蘭君

1948年的顧蘭君

年12月太平洋戰爭爆發，日軍進佔租界，公司被迫停業。

然而，究竟是什麼讓顧蘭君與李英的愛情「熄火」了呢？當初反對他們的人不幸言中，李英積習難改，婚後對顧蘭君漸漸露出冷淡之意。顧蘭君本想勉力維持，忍辱負重，可最終也沒能挽回裂痕。《電影雜誌》的記者分析道：「顧蘭君和黃天霸的經過，有說不完的故事，是一段悱惻動人的悲劇，是寫一個名女人在現實社會用真的情感交朋友的結束。」（朱雀〈轉變後的顧蘭君〉，載1948年6月16日《電影雜誌》第十八期）稍後的《電影雜誌》第廿八期，有讀者問顧蘭君，「十八期有一篇轉變後的你寫得是否對？」顧蘭君回答，「我不知道對不對，不過寫得很恰當，我讀後感到相當難過。」（〈顧蘭君〉，載1948年11月16日《電影雜誌》第廿八期）

與李英分手後，顧蘭君嫁給上海惠昌商務公司經理廖雲士，隨夫經商。1950年，她以「惠昌」名義，請秦瘦鷗編寫歌頌新婚姻法的劇本《婚姻大

事》，由徐昌霖導演，自己擔綱女主角，這是顧蘭君在銀幕上的告別之作。丈夫離開新中國去香港後沒有回來，顧蘭君獨自操持丈夫留下的工廠。姐姐顧梅君1949年移居臺灣，銀壇姊妹花，分別四十多年未能一聚。

晚年的顧蘭君十分熱心社會活動，雖然不再是職業演員，卻當上了靜安區政協文藝委員會主任、藝術學校校長。「1989年10月靜安區搞藝術節，她是京劇小組負責人，當京劇《樊江關》演出時，她興奮得臺上臺下四處張羅，終因勞累過度，患腦溢血溘然長逝」（顧也魯〈銀燈下的「名旦」顧蘭君〉，載中國電影出版社1996年《影壇藝友悲歡錄》）。

小姨，小姨明星，金魚美人，除了在泛黃的舊電影雜誌上，如今還會有誰這樣親切地喚她呢？

龔秋霞

亦歌亦影的「複調」人生

在電影圈，人們愛叫她「大姐」，在銀幕上，她以「賢妻良母」著稱。三、四十年代的上海，曾是龔秋霞電影道路的黃金時代，後來到香港臺灣，她仍有很高的產量。除了留下百餘部電影厚厚的膠片，她還是與周璇同時代的演唱流行歌曲的歌星，〈秋水伊人〉、〈薔薇處處開〉、〈莫負今宵〉，由她唱紅的這些銀色金曲傳唱至今。龔秋霞呢喃低迴的歌聲，和目下的流行音樂是天差地別的風味，但同樣聲聲入耳，讓人叩開時光長廊。

青澀年華流連歌舞

龔秋霞的原名叫龔莎莎，也叫龔秋香，1918年出生，是江蘇崇明人（今屬上海市）。十四歲那年，龔秋霞在報上看到上海儉德會創辦歌舞訓練班的消息，並有招生廣告。她回家詢問家長，得了許可，討

龔秋霞與胡蓉蓉合影

了三塊錢去報名。從此，龔秋霞除了在仁善女校讀書，又添了一樁功課：下午放學去儉德會練習歌舞。唱歌感興趣，說起來和仁善女校也有關係，該校由天主教會創辦，每日清晨上課前，學生們照例要做禮拜，唱讚美詩，時間一久，龔秋霞對音樂漸漸萌生了興趣，以至後來熱心歌舞，踏上影壇，可能追根溯源也都和教會學校的這一段經歷有關。

在儉德會唱歌跳舞，完全不用像在課堂上正襟危坐，可以名正言順地瘋鬧，不用擔心老師指責，龔秋霞和小夥伴們都著了魔似地愛好，不管嚴寒酷暑，從不缺課甚至都不遲到。他們排練的舞蹈，最受歡迎的有《葡萄仙子》、《三蝴蝶》、《麻雀與小孩》、《月明之夜》等，演出常常受到好評，小小的龔秋霞，在掌聲與笑臉中，膨脹起雄心壯志來，學習也更賣力了。

20年代末，魏縈波女士創辦梨花歌舞團（1929年改名梅花歌舞團），這時正是中國現代歌舞運動的草創期，歌舞表演與歌舞團都是新生事物，歌舞人才寥寥可數。梨花歌舞團拉龔秋霞去幫忙，起先並不是職業的表演，有點像玩票，如果讓現在的觀眾評判，肯定會覺得幼稚可笑，但對於當時的觀眾，輕快的歌聲，熱烈的舞步，可是十分新奇的體驗，與京戲、電影、話劇都有一種不同的韻味。表演者和觀眾都處在啟蒙期，觀眾大多看個新鮮，還來不及考慮藝術水準，又跳又叫的表演倒也大受歡迎。演出一多，這批小演員無形中以舞臺作為了職業，龔秋霞脫離了校園生活，獻身歌舞。梨（梅）花歌舞團圈內圈外都頗有名氣，能被錄取，龔秋霞覺得自己很幸運。

舞臺，這也許是一個有魔力的地方，漂亮的衣服，變換的燈光，人們的喝彩；演出，這也許是一份廣闊的生活，去闖天南地北，去和

各種人打交道，見許多世面。不知不覺，龔秋霞過了五六年的舞臺生活，她已經不像當初，不再對這條看似斑斕的道路堅信不疑。五六年中，她和團員們演出了《鐵蹄下哀的性》、《楊貴妃》、《後臺》、《名優之死青春的悲》等一二十齣歌劇、話劇，跑過的地方有廣州，漢口，重慶，青島，香港，大連，還去過臺灣呢，少女的心田上，裝下不少光怪陸離的人與事。由於歌舞技藝出眾，龔秋霞與徐粲鶯等人贏得了「梅花五虎將」的美譽。可是她也開始自問，這一條路選得對不對，沿著這一條路將走向哪裡？

「梅花虎將」欲別樊籠

在團裏她和夥伴們過得是怎樣的日子？長大了的龔秋霞回想這段經歷，謂之「糊裏糊塗，莫名其妙」，一班小女孩整天只知歌呀舞呀，其他一概不管。起初節目還會翻新，後來也就吃老本，唱來跳去總是那幾個老調。如果生意好，就多耽擱幾天，生意不好，明天馬上開拔到不知哪裡，「出碼頭」是家常便飯。漂泊不定的生活，輾轉奔波的辛勞，這樣的生活是甜還是苦？

「什麼叫做歌舞團？只是一個團主──也是所謂老闆──帶領了幾十個女孩子在瞎鬧，一群無知無識的小女孩給他戲謔著。團主只知道每天能有幾許生活費產生出來，其他的一切，什麼訓練啦，教導啦等等都可以不問不聞。說也好笑，題名為歌舞團的，卻沒有歌舞教授，每天所上演的還是最初進去時所學的幾個老節目，因此，我們常說這種演戲與『耍猴戲』並沒有什麼兩樣。當年的歌舞團與現在遊藝

場裏的『跳舞』姑娘是同一系統傳留下來的」（龔秋霞〈藝海十年苦鬥史〉，載1944年1月15日《新影壇》第二卷第三期）。

年紀小的時候，這樣的生活就足夠把自己填滿了，「將來」，「前途」，字典裏是沒有這些辭彙的；年紀漸長，世界不再只是一個簡單的舞臺。少女的心思總是最敏感、最細緻的，有了一些閱歷與見識的龔秋霞，不免考慮將來，彷徨與迷茫如潮水般漫過來，對眼前的歌舞團生活心生厭倦，從前嚮往的，如今變成了可憎。

「『難道我永遠把自己一輩子的前程葬送在這種烏煙瘴氣的所謂歌舞團裏？』腦袋中常在私自問答著。不！我得重新好好地做一個人，我要我的前途！我不能再耽下去了，終於，在最後拼了最大的勇氣跳出了這種吃人不見血的地方。我在那個時候不跳出來，更待何時？那時外界對於這種歌舞團的攻擊，也正在全盛時代。在我出來了不久，這歌舞團也就壽終正寢了。——本來像這種掛羊頭賣狗肉的團體，怎麼會永久地生存下去？殤折是意料中的事。在歌舞團的生活結束後，我便在私人教授下專事學習一點基本的歌舞動作。從那時起，我所學到的舞蹈才配說是正軌的了」（龔秋霞〈藝海十年苦鬥史〉）。

這些年的光陰，全都耗在舞臺與出碼頭的路途上了，想要扭轉人生道路，龔秋霞又覺得自己除了歌舞無所擅長，童年時她只在仁善女校讀過幾年書而已，「我想到光陰的迅速，時代是不留情的，自己如此空虛，如此淺薄，雖然當時各方對我的空氣特好，但是這樣反而更使我慚愧，同時我暫時向舞臺告別，欲求修養的心也更堅定了。我為著不負長者的希望，我覺得更應該立刻脫離」（龔秋霞〈受了銀色的洗禮〉，載1935年10月20日《電影文化》第一卷第一期）。雖然厭倦歌舞團

演出生涯，但龔秋霞始終把音樂舞蹈視為第二生命，她請了一位外國先生教授舞蹈，受益匪淺。

金曲串起銀壇之路

龔秋霞還在梅花歌舞團的時候，有個叫胡心靈的人常到歌舞團來玩，他與魏紫波認識，很自然地與龔秋霞相熟起來。1936年，胡心靈的父親胡紹虞與一位律師辦起文化影片公司，從日本留學歸國的胡心靈編導了有聲片《父母子女》（文化公司唯一出品影片），他邀請龔秋霞出演女主角，一同演出的還有閔翠英和胡心靈的妹妹胡蓉蓉。

一起工作的都是年輕人，憑著一股熱情拍完了影片。「為了電影公司是自己幾個人辦的，所以工作自是非常自由，對與錯無需要別人來指摘，自認為對的，就以為對了。不怕人家笑話我們。什麼道具啦，佈景，化妝啦等等，也都是自己胡來的」（龔秋霞〈藝海十年苦鬥史〉）。雖然大家很盡心力，可

龔秋霞（左）在影片
《父母子女》中

是影片成績並不理想。龔秋霞沒有灰心，她再也不願留在歌舞團過流浪生活，她很想在電影的道路上走下去，走得更好！處女作《父母子女》雖然未能讓龔秋霞在影界一炮而紅，但是卻帶來了意外的收穫，她與胡心靈談起了戀愛，找到了生活與事業的終生伴侶。

不久，胡心靈成為明星影片公司的編導，龔秋霞也隨之進入「明星」，1937年主演《壓歲錢》和《古塔奇案》，蜚聲銀壇。《古塔奇案》中，龔秋霞分飾一對母女，兩個角色容貌相似而性格迥然。她演唱了賀綠汀創作的影片插曲〈秋水伊人〉，這是一首淒哀深情的藝術歌曲，歌詞抒寫女主角感懷身世企盼伊人歸來，龔秋霞淺唱輕歎的氣韻與故事貼切吻合，此曲馬上風靡開來。由夏衍編劇、張石川導演的《壓歲錢》以一塊喜字洋錢（壓歲錢）在各階層中的流傳，展現人間百態，揭露社會黑暗。片中明星濟濟，更有黎明暉、黃耐霜、王獻齋等老牌演員，有這些沉甸甸的綠葉，戲份最多的龔秋霞也毫不遜

1936年的龔秋霞（《時代電影》2卷5期，1936年2月25日）

色，尤其她和小姑子胡蓉蓉搭檔，把好萊塢式的唱念做打搬過來，新奇的服裝，熱烈的歌曲，律動的踢踏舞，頗為影片增色；如今已看不到龔秋霞早年在歌舞團的演出，這樣的情節不禁讓我們浮想聯翩，彷彿能勾勒出她身為「梅花五虎將」時的風采。

1942年她與陳綺、張帆、陳娟娟合演《四姊妹》，龔秋霞扮演溫雅嫻靜的大姐，由此她倒好像和同事、影迷、記者們都扯上了姐妹關係，大家喜歡親切地稱呼她「龔大姐」。銀幕上的姐姐妹妹，銀幕下也十分熱絡，她們還合夥開過一家咖啡館，取名「四姊妹」。1948年，四位姐妹在香港重聚首，再度合演了一部歌舞電影《四美圖》，由胡心靈編導。在所拍攝的眾多影片中，龔秋霞以扮演溫柔善良的女性和慈祥的母親見稱，給人留下深刻印象。彎彎的深眉，濃密的捲髮，團團面孔一臉和氣，從形象上就很適合賢妻良母式的角色，加之純熟的演技，她詮釋這類人物就更有說服力了。

一貫演好人的龔秋霞敢不敢也挑戰一下反派呢？「還有反派戲，說起來，現在我心中仍在怦怦然呢，也許是為了我的生活不接近演反派戲的緣故，因此演起來就不知其所以然，隨你怎麼樣地用心模仿終不能像樣。不過雖然知道要失敗，然而為了我要學習，什麼戲我都要演。我不願意永遠把自己藏在象牙塔裡」（龔秋霞〈藝海十年苦鬥史〉）。

其實悲劇、喜劇、正派、反派，龔秋霞都嘗試過。「說到悲劇，太苦的戲我不大喜歡演，因為我感到演苦戲，在拿到劇本的時候，就得擔心事，每天每夜所演的都是些大石壓在心頭上的煩悶事情，有時為了演苦戲，自己竟如發神經病一樣地煩惱著，非得要等到拍完了最後一個鏡頭時，這塊石頭才會掉下來，自己方可以透一口氣；所以我

倒喜歡演比較輕快，明朗的戲，像《四姊妹》，《浮雲掩月》等戲倒是我自以為比較愛好的幾部」（龔秋霞〈藝海十年苦鬥史〉）。

龔秋霞柔美純樸的歌聲，吸引名家獻歌譜曲，如陳歌辛、賀綠汀等。對於一些悠長靜謐的藝術歌曲，她亦能處理得恰到好處，親切感人。早前在歌舞團時，龔秋霞就隨團在「百代」錄過歌曲，其中一部分由百代公司副牌「麗歌」發行。進入電影圈，她正式與「百代」簽約，灌錄了不少由她唱紅的「銀色之歌」，這些膾炙人口的名曲為電影史留下了獨特的回聲。

抗戰八年，龔秋霞留在上海仍拍片不輟。1945年5月，她和研習舞蹈的小姑胡蓉蓉在上海蘭心大戲院舉辦三場歌舞音樂會。龔秋霞演唱了〈思鄉曲〉、〈秋水伊人〉、〈恨不相逢未嫁時〉、〈春風野草〉、〈薔薇處處開〉、〈何處不相逢〉、〈莫負今宵〉、〈不變的心〉、〈是夢是真〉和〈牧歌〉十首歌曲，其中許多是電影歌曲，這可以說是她對自己演唱生涯與電影歷程的一次回顧。

勝利後，由於無線電和留聲機的逐步普及，流行音樂的地位空前提高，一部製作平平的影片，甚至可能因為一首好聽又易於傳唱的主題歌或插曲而賣座贏利，有些製片商和發行方無視劇情需要強行要求增加歌曲，歌舞片蔚然成風。1948，龔秋霞在上海和白光主演由吳村編導的影片《柳浪聞鶯》，片中有15首插曲，都是出自名家之手，龔秋霞唱了7首，其中和白光合唱3首，雖然劇情因此支離破碎，但是歌迷們大呼過癮，在南洋賣座極佳。

四十年代後期龔秋霞與胡心靈去了香港，在香港她與周璇連袂主演了一部國語片《各有千秋》，兩位唱將罕有的一次銀幕合作，卻

都未唱，殊為可惜。龔秋霞在香港為大長城唱片公司錄製《血染海棠紅》的插曲〈祝福〉，也成為其代表曲。寓港期間，龔秋霞還和「四妹」陳娟娟一起灌錄唱片。1953年以後，因為專注於電影，龔秋霞逐漸減少了歌唱和灌片，到1956年完全停止了灌片活動。

　　1967年龔秋霞隨胡心靈到臺灣臺北市郊區居住，以後於臺港兩地拍戲。在香港長城影片公司期間，龔秋霞有「眾人母親」之稱，公司所有年輕演員幾乎都演過她的兒女；在生活中，她也是人人稱道的好主婦，哪怕愛好惹事生非的報章雜誌，對這位生活嚴謹工作踏實的「龔大姐」也無可指摘。她在長城影片公司還當過「演員室主任」，主持演員訓練班，常給新演員講課，毫不保留地傳授經驗，有時到拍片現場輔導，熱心培育青年一代。

　　闊別故里40多年後，龔秋霞1993年隨香港電影代表團到上海參加上海國際電影節，特地尋訪故居明德里，探望小姑胡蓉蓉等親戚，她還見到了從前攝影場上的老朋友們，沉浸在往事中。

　　2004年9月7日，龔秋霞因心臟病在香港逝世，走完了七十餘年歌舞與電影的複調人生。她的女兒胡黛珠在操辦母親葬禮時說，母親在10多年前就囑咐過，葬禮要不麻煩親友，不用宗教儀式，更不設瞻仰遺容，只要播放她生前唱過的歌曲，就是最安詳的告別。芭蕾舞蹈家胡蓉蓉以及華南影人夏夢、傅奇等多位好友前往祭奠，在〈秋水伊人〉、〈薔薇處處開〉、〈莫負今宵〉、〈恨不相逢未嫁時〉、〈祝福〉的歌聲中，恍若歲月未走，伊人猶駐。

陳雲裳

南國佳人，雲裳仙子

「雲裳」兩個字拂過眼掠過耳，似乎就能喚起一種愉悅的美感。從泛黃的舊相片看陳雲裳當年的風姿，仍惹人神往。「孤島」上海，她主演的《木蘭從軍》、《雲裳仙子》等影片，在戰爭陰霾下，帶給人們以玫瑰色的鬥志與安慰。戰時風頭最健的「電影皇后」，卻婚訊突至，她選擇婚禮，做最後一次女主角。

貧寒掩不住麗質

　　現在能看到的陳雲裳舊影，較早的有14歲時的照片，洋氣多過稚氣，不禁讓人感慨她的早熟和迫不及待湧出的美豔。後來她躍上影壇，從香江北上黃浦江畔，人們喜歡喚她「南國美人」，喚她的一刻，彷彿口中呼出的都是南國旖旎芬芳的空氣。

　　「陳雲裳」並非本名，她原有個學名叫陳民強，妹妹叫陳治強。出彩而貼切的名字「雲裳」，是她一位非常重要的老師所取。

　　陳民強1919年出生廣州，在廣州市立五小上小學。「五小」的校舍建在廣州五大寺院之一的光孝寺裏，「我的性格喜歡動，而厭怕寧靜。我願意每天在學校裏嘻嘻哈哈地上課，遊憩，或到郊外旅行，卻不願意悶坐在家裏……」（陳雲裳〈陳雲裳自傳二・我最喜歡動〉，載1939年7月10日《中國藝壇畫報》第三十一期）。她從小愛好戲劇歌舞，學校裏每次遊藝會，她總是台柱。

　　14歲時陳民強加入當地大新公司歌舞班，豆蔻年華，唱歌跳舞的生活既是興趣，更實際的是意義是貼補家用，每月薪水30元，一家數口人靠她過活，比較清苦。這份差事卻謀不長，她被歌舞班解雇了，

生活更為艱難。經人引薦，陳民強認識了易劍泉，廣州藝界頗有影響的「素社」音樂社，正是由易先生創辦。雖小小年紀，嬌姿秀色與慧心敏思讓陳民強在同齡女孩中尤為出眾，她順利進入「素社」，拜在社裏著名藝人紫羅蘭門下。易劍泉畢生致力於研究廣東音樂，紫羅蘭也是名重藝界，梅蘭芳、歐陽予倩、唐槐秋、嚴工上等名藝人與「素社」更多有交遊，身處如此氛圍，陳民強起點不低。她在「素社」學習國語，崑曲，京戲，粵劇，以及唱歌跳舞，都有長足進步。易先生教她唱京劇，在她掌握《霸王別姬》、《蘇三起解》兩齣側重唱功的戲後，再教較多念白的《四郎探母》，逐字逐句糾正她的北平話發音。陳民強在素社花了兩年多專修國語功課。每週六晚，易劍泉組織「素社」舉行免費音樂會，吸引許多觀眾，舞臺上身著戲服臉敷油彩的陳民強，和著絲竹起歌起舞來，或許可以稍稍忘記生活的壓力，綻放少女最清澈的笑。也正是在「素社」，易劍泉為她取了日後光彩照人的名字：陳雲裳。

　　老師紫羅蘭是廣州影劇界紅人，陳雲裳經老師推薦，1935年在廣州聲片公司《婦唱夫隨》中客串，繼而在該公司《唐宮綺夢》、《粉碎姑蘇台》中演出。初嚐電影飯的滋味，暗自盼望，終於等到一個較為重要的角色，1936年她與南國影帝吳楚帆連袂演出《新青年》。這是由蘇怡編導在香港拍攝的粵語片，陳雲裳由母親陪同離開廣州前往陌生的香港，初出茅廬的她既憧憬又忐忑。「雖然香港距離廣州只有三小時的火車旅程，而『到香港去』也是很平常的事。不過，這次的到香港去卻有點跟平常有別的了」（陳雲裳〈陳雲裳自傳十六・「燈山」在前面了〉，載1939年8月4日《中國藝壇畫報》第五十六期）。

《新青年》可謂陳雲裳在影壇的正式亮相，青春可人的形象為她的處女秀大為加分。其實在試片會上，陳雲裳格外擔心，生怕受到輿論的指責，同行的冷眼。兩個小時如坐針氈，放映結束，幾位朋友上前與她握手，說了一些恭維的話，她才像領到赦令，鬆一口氣。「我有點說不出來的苦衷，我由廣州到香港來演這第一部的戲，情形有如鄉下大姑娘謬然跑入大都市裡，對著一些都市小姐們賣弄一次風情，我是在許多眼睛的凝視下，許多片嘴唇的談論下掙扎著的。我實在是十目所視十手所指的監視之下而惶恐地工作著。所以我是感覺著這一點同情之可貴」（陳雲裳〈陳雲裳自傳十八・《新青年》完工了〉，載1939年8月9日《中國藝壇畫報》第六十一期）。

　　此後她又拍攝了《天下為公》、《花開富貴》等粵語片。三十年代香港拍攝粵語片，攝影場都是開快車，一般半個月就能拍完一部影片，陳雲裳最繁忙的檔期，同時接拍六部電影，辛苦勞累自不待言，當然也留不下什麼上乘之作。

　　1937年陳雲裳出演大觀聲片有限公司粵語片《金屋十二釵》。這是一部情節曲折的悲劇，嘲諷當時香港一夫多妻現象，引人入勝的故事加上精選的演職員團隊，使得此片在好幾年裏上座率都很高。擔任吃重角色的陳雲裳脫穎而出，18歲一鳴驚人。該片導演湯曉丹1991年在澳大利亞遇見移居至此的幾位香港老影迷，他們談起《金屋十二釵》時仍熱情不減，繪聲繪色地介紹排隊購票的經歷和在電影院中的激動。「其中一位頗具紳士風度的老人感觸更深：『當年，我就是為了陳雲裳這顆新星去看《金屋十二釵》的。以後，只要是她主演的片子，一部不漏，反覆看幾遍』」（湯曉丹〈亂世香港〉，載浙江人民出版

社1997年10月《父子藝術家——湯曉丹・湯沐黎・湯沐海》）。

對於自己所演的大部分粗製濫造的粵語片，陳雲裳並不諱言。日後她在上海接受記者訪問時，曾如此回顧這一段粵語片歷史：「講到我所拍過的粵語片中，像《血戰寶山城》，《天下為公》，《新青年》，內容都很好。所以只要認真去做，粵語片也會做得好的。」（〈陳雲裳女士訪問記〉，載1939年3月15日《銀花集》第十三期）

翹首以盼南國佳人

戰爭烽煙不可阻擋地肆虐，河山淪為焦土，「電影都會」上海在「八一三」的炮火中分崩離析，影人四散。上海淪為「孤島」，凋零的電影事業在國難夾縫中步履蹣跚，電影公司紛紛苦尋良策，期望能在泥淖中重新振作。

1939年，滬上影界巨頭張善琨籌拍國語片《木蘭從軍》，作為新建滬光大戲院的開幕影片。戰前揚名海上的許

陳雲裳在影片《木蘭從軍》中飾演花木蘭

多影人或奔赴內地，或暫避香港，要挑出年輕漂亮、演技尚可且有一定知名度的女演員還真不容易，如留滬的陳燕燕、袁美雲都已過了最好年華，而剛剛竄紅的顧蘭君雖有人氣卻不是十分漂亮。

張善琨到香港尋找生意經，流亡在港的歐陽予倩生活窘迫，向張善琨借200塊錢，並坦言暫無力償還，建議編一部戲作為抵消，於是有了《木蘭從軍》的劇本。歐陽予倩奉上劇本的同時，向張善琨推薦女主角人選，即在香港拍粵語片聲名鵲起的陳雲裳。張善琨打量著20歲的陳雲裳，雙眼透出興奮的光芒，陳雲裳嬌嗔甜俏的笑，在他眼中逐漸變幻成一棵搖曳生金的搖錢樹。

在陳雲裳眼中，上海是否那樣誘人呢？與張善琨多次接洽，她內心反覆掂量這個非同尋常的決定，猶豫再三。戰火還未逼近香港，香港的電影環境比較寬鬆，而上海，日寇鐵蹄緊逼「孤島」，虎視眈眈，大家都深感時局愈來愈難，電影界舉步維艱，禁映與修剪的利刃始終高懸在電影人心頭。從相對光明的香港去往一團亂麻的上海，陳雲裳實在拿不定主意，為此她去徵詢國民黨特派香港電影檢查委員會主任徐浩的意見。徐浩對她勉勵有加，還為她打氣，鼓勵他到上海多拍進步影片，這才打消了陳雲裳的重重顧慮，下決心到上海闖一闖。

陳雲裳雖在南國小有名氣，但對挑剔的上海人來說，只是個名不見經傳的南方丫頭而已。老謀深算的張善琨為在上海捧紅陳雲裳擬定周詳計畫，並預備好大下本錢。張善琨尤諳宣傳造勢，陳雲裳北上之前，就早早地在滬上電影報刊先行鼓吹新片《木蘭從軍》和「南國影后陳雲裳」，奇招迭出。陳雲裳抵滬前兩天，正值西方耶誕節前夕，滬光大戲院斥資在全上海的跳舞廳向顧客免費分送陳雲裳的照片，兩

晚共計送出12萬張，因為「滬光」開幕片正是陳雲裳即將來滬主演的《木蘭從軍》。當時報章還跟蹤報導一則讓國內影迷振奮的新聞，云陳雲裳受好萊塢製片商盛邀，很可能赴美拍片，這件事既新奇又神秘，大漲國民志氣，讓上海人對這位陳雲裳小姐更為翹首以盼了。當然陳小姐並未出國，一切都照著張善琨的如意算盤步步推進。

在香港結束手頭幾部片子的拍攝，陳雲裳於1938年12月23日乘俄國皇后輪，駛離熟悉的香島南國。25日下午，陳雲裳在甲板上眺望慢慢靠近的遠東最繁華都市，心中在想什麼呢，是否窺見命運的暗示？是否看得清盛景背後的顏色？

陳雲裳抵滬絕對是頭版頭條，同是影壇與媒體的盛事。1939年1月1日《明星》雜誌第七期這樣寫到：「陳雲裳作西洋婦人裝束，外御灰色皮大衣一襲，頭髮上打了一個花結，雍容華貴，完全是南國少女的情調。」張善琨、童月娟夫婦，以及滬光大戲院經理史廷磐

1939年的陳雲裳

均往迎迓，特地雇了小汽艇將陳雲裳母女接到海關碼頭，在華新電影廠略事休息，張善琨、卜萬蒼陪同參觀攝影場，當晚張氏在家設宴洗塵，新華公司導演和演員作陪，推杯換盞，噓寒問暖。宴罷，張善琨一行陪陳雲裳到百樂門舞廳觀光。翌日午後，陳雲裳來到「中華第一街」南京路，四大公司逛了個遍，採購的東西，三個女傭跟在後面尚且拿不下。晚上在麗都舞廳演出，剛踏進門便有人竊竊私議，爭說「這是陳雲裳，這是陳雲裳」，這正是各舞場派發陳雲裳照片的功勞（蒲掌〈陳雲裳到滬後的三天私生活〉，載1939年1月1日《時代》創刊號）。

戰爭成全影后傳奇

《木蘭從軍》還未上映，張善琨就在滬光大戲院旁豎立起廣告牌，足有五六層樓那麼高，陳雲裳扮演的花木蘭英姿颯爽當街屹立，夜晚廣告牌燈火通明，十分搶眼，成為獨特景觀，許多人專程趕來與廣告牌合影。大家對於高調北上的南國影后和宣傳日久的《木蘭從軍》都難捺好奇與期許之情。

1939年2月《木蘭從軍》終於與觀眾見面，叫座又叫好，連映85天，創下新記錄，自戰爭打響，上海的電影院好久沒這麼熱鬧了！陳雲裳的名字迅速響徹寂寞的「孤島」，她在片中唱了好幾支曲子，尤其與梅熹合唱的插曲〈月亮在哪裡〉在大街小巷廣為傳唱。從當時蕭條的影業來說，《木蘭從軍》絕對算是大製作，配備難得的「卡司」：首先劇本優秀。歐陽予倩巧妙地找到歷史與現實的銜接點，借

古喻今，鼓舞抗戰士氣；其次導演一流，卜萬蒼資歷深厚，曾執導
《母性之光》等左翼影片和熱映的古裝片《貂蟬》；至於演員陣容，
由氣度從容的英俊小生梅熹與活潑嫵媚的陳雲裳連袂，成為影迷認可
的銀幕佳偶，之後兩人又合作了《一夜皇后》、《蘇武牧羊》、《秦
良玉》等多部影片。

　　初來乍到的陳雲裳起初不很適應在上海拍片。拍攝《木蘭從軍》
時，有個鏡頭卜萬蒼導演對陳雲裳喊cut，她一下子慌了神，以為犯
了天大的錯，竟然臉色煞白，卜萬蒼被弄糊塗了，cut重拍是最平常的
事，她為何像是受了驚嚇？原來陳雲裳從未聽說過NG這回事，她在香
港拍的粵語片其實很多是粵劇戲曲片，攝影機架好後，連機位都很少
變化，演員們一唱半天，期間攝影師甚至可以出去吃碗麵，都不用照

1939年，陳雲裳在香港和來訪的好萊塢導演威廉‧凱萊及其夫人合影

陳雲裳主演《雲裳仙子》
時的扮相

看機器。卜萬蒼恍然大悟，笑著向陳雲裳解釋：NG可能有多種原因，比如是燈光、錄音、配戲的問題，不一定是你演得不好，一場戲拍上幾遍是常有的。陳雲裳雖然粵語片產量頗豐，但大多質量粗糙，就錘煉演技而言，她還欠火候，剛來到上海就遇上名導卜萬蒼對她悉心指教，加之自己悟性較高，陳雲裳以亮麗的扮相和清新的表演，憑藉《木蘭從軍》一躍升為上海灘最紅的女星，也是滬港兩地的頭牌花旦。

眼看這株搖錢樹長勢喜人，張善琨趁熱打鐵，馬上又拍攝了時裝歌舞片《雲裳仙子》。此時的上海租界在戰亂中勉強維持彈丸之地的和平與繁榮，聽不見炮聲的日子，照樣歌舞昇平，紙醉金迷。《雲裳仙子》不同於《木蘭從軍》，並無抗敵愛國的抱負，只是輕鬆的娛樂片，陳雲裳無需再有木蘭的矜持，影片盡情表現她的天生麗質，眉目含情，華服豔舞，好一個二十年華美佳人。陳雲裳當之無愧成為電影公司的金字招牌，無數影迷的

夢中情人。電影雜誌除了時時報導陳雲裳的大小行蹤，還刊登她的大幅照片，很多由資深攝影師郎靜山掌鏡，既優雅又富現代感，領風氣之先。

拍完《木蘭從軍》、《雲裳仙子》，陳雲裳乘坐「加拿大皇后輪」，風風光光返回香港度假，彼時鋒芒已完全蓋過南國首席女星李綺年。再度來滬時，陳雲裳成為中聯影業公司的演員，訂約三年，三年內不得為其他公司拍片，甚至登臺表演、剪綵擲瓶、代言商品廣告等，樣樣都得徵求公司同意。薪金方面公司備極優待，無論攝片與否，按月支付1500元，較同屬「中聯」的袁美雲、顧蘭君、陳燕燕等高出一倍有餘，此外每拍一部片，另給酬金尚不計在內。

在百樂門酒店住了幾個月後，張善琨給陳雲裳在巨籟達路（今巨鹿路）張羅了一處新居，環境幽雅，張善琨還破例配給她一輛小汽車，方便出行。拍戲閒暇，陳雲裳學起了英文，老師是美國駐華商務大臣安立德先生的女公子。從前看美國電影，只能聽懂一點點對話，經過英語老師指點和自己用功，陳雲裳的英文程度大有進步，看美國電影也更有心得了。她還買了健身器搬回家，叫它「搖船機器」，天天練習，並熱心向朋友們推廣這項「搖船運動」。

1940年，上海發行量最大的電影雜誌《青青電影》舉辦「影迷心愛的影星」選舉活動，陳雲裳擊敗袁美雲、陳燕燕、顧蘭君等眾女星，票數第一，當選「電影皇后」。

風光已極，專寵在身，又是客居異鄉，風口浪尖的陳雲裳想要在電影圈立穩腳跟著實不易，有時甚至難於招架。她在香港原是二三流明星，到上海扶搖直上，風頭無人比，難免招致不滿。陳雲裳初訪上

海，在張善琨家的洗塵宴上，袁美雲稍坐即去，顧蘭君人都未到。雖然同屬中聯公司，但只要有陳雲裳出席的場合，袁美雲、顧蘭君二人始終避而不見。後經張善琨幾次勸說，雙方關係才稍有好轉。陳雲裳與黎明暉、華旦妮（史東山夫人）、陳燕燕、童月娟結拜金蘭五姐妹，常與「姐妹們」攜手出席各種活動，顯得親密無間，不管是她自己的主張還是他人授意，都能看出陳雲裳積極融入滬上影界的努力。1942年的影片《博愛》有一張「眾星捧月」式的劇照，共有十多人，幾乎囊括「孤島」的主要女演員：陳燕燕、袁美雲、顧蘭君、周曼華、李麗華、陳娟娟、龔秋霞、顧梅君、胡楓、李紅。照片上陳雲裳居正中，其他人的目光都向她望去，這無疑是最直觀的演員排名，陳雲裳成為名副其實的女一號！

　　租界對電影嚴格管制，抗日局勢日益緊張，電影界卻無法喊出殺敵之聲，只能婉曲地託古諷今，或拍些無關痛癢的娛樂片。民間故事與傳奇題材既有票房又明哲保身，三十年代末古裝片開始氾濫，陳雲裳拍攝了《一夜皇后》、《瀟湘秋雨》、《秦良玉》、《相思寨》、《費貞娥刺虎》、《王昭君》、《碧玉簪》等民間故事影片，另外有《歡樂年華》、《桃李爭春》、一人分飾雙胞姐妹的《新姊妹花》等時裝片。對於民間片，陳雲裳的態度如何呢？有記者讓她談談對《碧玉簪》一片的看法，這是一次書面訪問，陳雲裳寫道：「《碧玉簪》是國聯公司十部民間片之一，本人對於民間片雖不表贊同，但對於公司方面之計畫似當保持合作，所以就接受了這部不合本人個性之劇本。公映後，雖被公司當局及各方面認為這不合個性的角色演來還相當成功，但我自己卻不以為然。」（〈陳雲裳小姐訪問〉，載1940年11月

16日《劇影周訊》一卷一期）從中可讀出些許無奈。哪怕是影后，也常常身不由己。

美商中國聯合影業公司1941年將巴金的小說《家》搬上銀幕，推出同名巨片（片長20本），由張善琨監製，公司的「四大名旦」陳雲裳、袁美雲、顧蘭君、陳燕燕和旅居香港的老牌影后胡蝶同台亮相，實在是豪華陣容，陳雲裳扮演與二少爺覺民相戀的琴表妹。《家》上映時又掀觀影熱潮，這是上海瀕臨淪陷的最後一部大片。

從影后到主婦　華麗的轉身

一個女明星，怎樣的一生才最幸福？這個問題似乎今天仍值得問。銀幕生命的長久能否代表幸福的全部？褪下明星光環回歸家庭，會不會有一絲不甘？正當電影事業如日中天，陳雲裳選擇了結婚息影。1943年8月9日，陳雲裳與醫學博士湯於翰舉行盛大婚禮，這之前，報紙上連她的緋聞都很少見，息影的決定與婚訊一樣突然，這都不是女明星的慣例。婚禮定在上海法國總會（今天的花園飯店），嘉賓遠遠超過預期人數，還有各路報社記者，禮堂被堵得水泄不通。陳雲裳一席白色曳地婚紗，端莊典雅，頭紗是她自己設計的，新穎別致。她還是女一號，不過她心中可曾想，這也許是最後一次做萬人矚目的女主角……

能博得電影皇后的傾心，使之毅然對明星生活喊Cut，這是怎樣一個夫婿呢？湯於翰中等個子，戴副眼鏡，一臉斯文。他是寧波鎮海人，在上海國立醫科大學獲醫學博士學位後，遠赴比利時魯文大學作

研究員，時任上海中比鐳錠醫院（中山醫院前身）院長，是醫學界權威的癌症專家。

《新影壇》記者前往陳雲裳新婚住處訪問，細緻描繪了婚房：「這間會客室是佈置得夠華麗的，四周牆上漆著淡黃的油漆，牆角裏裝著隱蔽的壁燈。靠右面是一架白色的鋼琴，鋼琴上放著一張陳雲裳和她的新夫婿湯於翰博士合攝的照片，還有一個玲瓏的白紗洋娃娃。鋼琴的一邊是一架奶油色的玻璃櫥，櫥裏是不少祝賀新婚的銀盾。櫥的前面是三張灰色的絲絨沙發，圍成一個小小的圈，圈的中間是一架洋式的茶几，玻璃面上放著一隻水晶的花瓶，花瓶裏插著新開的水仙花，在吐著淡淡的清香。」（〈陳雲裳的婚後生活〉，載1943年10月1日《新影壇》第二卷第一期）

銀色生活戛然而止，陳雲裳將怎樣安排生活呢？她向新影壇記者款款而談：「因為我是一個好動的人，所以在上午，我要運動，讀書，唱歌，彈琴，和計畫購買小菜。下午，我要到廚房裏去親自動手，下午可以空些了，我要燙衣服，看畫報，駕車，騎馬，拍球，總之，我一天的時間，分配得乾乾淨淨了。」（〈陳雲裳的婚後生活〉）

40年代後期，夫婦倆離開上海定居香港，湯於翰繼續執業當醫生，陳雲裳在家相夫教子，絕少涉足影壇。婚後八年，張善琨從上海到香港重操舊業，再三邀請陳雲裳出山相助，陳雲裳徵得丈夫同意才答應下來，先後主演國語片《月兒彎彎照九州》、《人海奇女子》、《滿園春色》，票房頗佳。

陳雲裳的生活重心完全從電影轉移到丈夫身上，平日既要持家，撫育教養一雙女兒和一個兒子，又要充當丈夫的私人秘書，由於工作

關係，湯於翰信件繁多，陳雲裳都會幫忙拆閱和分類。把家裏的一切都打點好，陳雲裳花了不少時間學習服裝、髮型設計和室內設計。湯於翰在醫學界名聲赫赫，香港各大醫院爭相聘其為顧問，他還很有生意頭腦，50年代開始與霍英東合作經營地產，湯於翰成為香港醫學界首屈一指的富豪。陳雲裳常隨夫出訪各國，遊歷四方，生活優裕而豐富。兩人身體都很健康，在湯於翰的影響下，陳雲裳也養成素食習慣，並非常注重鍛鍊，精神健碩。

雖然流年似水，青春已逝，陳雲裳到了晚年卻別有光彩，她喜歡穿花團錦簇的衣服，喜歡繫明亮飄逸的絲巾，喜歡頭戴或朱或粉濃豔的鮮花，也許在心底，始終有一個電影皇后的皇冠閃爍著時光阻隔不斷的光芒。

上官雲珠

滄海月明珠有淚

都說上官雲珠是那個時代電影女演員中最有風情的一個，小巧玲瓏，吳儂軟語，眼波流轉間顧盼生姿，雖非豔光四射，卻別有一番溫婉柔媚的味道。而她在影壇的聲名鵲起，也確是憑著一系列「姨太太」式的反面角色，如《天堂春夢》中奢侈兇狠的腐化女人、《太太萬歲》中狐媚放蕩的交際花、《一江春水向東流》中摩登風流的漢奸夫人。於是不知不覺間，她竟給人留下了一個「不正派」的印象，嫵媚與風情，成就了她在銀幕上的流光溢彩，卻未能使她倖免於銀幕下的蜚短流長。然而這個看似柔弱的女子從來都有著一份堅強的韌勁，經歷了太多這個圈子的人情冷暖、沉浮起落後，她早已懂得忍耐，懂得用演技來反擊，於是便有了《萬家燈火》中溫柔賢慧的妻子、《烏鴉與麻雀》中善良懦弱的華太太、《南島風雲》中堅強勇敢的護士長。她從來都不會輕易屈服，即使初涉影壇就遭受重創，即使晚年病魔纏身。然而多舛的命運卻如影隨形，給了她最後一擊，「文革」開始後兩年，不堪凌辱之下，這個倔強的女子選擇用一種最慘烈的方式結束她的告別演出，縱身一躍，香消玉殞。她累了，乏了，這一路走來，她承受了太多磨難，而這磨難從她剛步入影壇就已經開始。

年輕的代價

1938年，當上官雲珠還叫韋亞君的時候，她只是霞飛路（今淮海中路）何氏照相館裏一個面容姣好的小職員，18歲的妙齡，在「八‧一三」的隆隆炮火中從鄉下長涇跟著丈夫，帶著孩子逃難來到上海，

憑著漂亮的臉蛋和伶俐的口齒，謀得了一份照相館的工作，其實也就是站在櫃檯邊充當花瓶招攬顧客。何氏照相館的老闆何佐明從前是在攝影棚工作的，掙得一些積蓄後便自己開了家照相館，經常免費為當時上海的電影明星們拍照片，然後大量翻印賣到東南亞一帶掙錢。因此常常會有一些衣著光鮮的明星在照相館出入進出，他們的風度舉止，榮華富貴，以及頭頂的明星光環所散發的耀眼光芒，無一不衝擊著那時還尚天真單純的韋亞君，虛榮之心也開始漸漸發酵膨脹起來。「我在何氏照相館工作的一年半中，接觸了那個花花綠綠的社會，耳濡目染，虛榮心日增，尤其是當時有很多電影明星們常來何氏照相館拍照，我非常羨慕他們的聲譽和享受。」（陸壽鈞《上官雲珠生死錄》四川文藝出版社1987年版，第97頁）於是，1940年夏初，韋亞君透過老闆何佐明一位文藝界朋友的介紹，考入了華光戲劇學校。在學校中曾排演過《米》和《人之初》兩部話劇，後來因為學校停辦便又考入新華電影公司的演員訓練班，繼續做著她的明星夢。

當時的各種演藝培訓學校層出不窮、良莠不齊，一茬又一茬懷揣著明星夢想的青年男女們進來了又出去了，但大多只是走過場，真正能從中脫穎而出成為明星的人少之又少。然而，韋亞君卻很快就得到了機會。新華電影公司老闆張善琨瞅準了日漸紅火的古裝片市場，準備拍攝10部根據民間故事改編的古裝片，湊成一個「十大」系列，同時也捧一些新人增強公司的演員實力。於是便到自己公司所開設的演員訓練班來選人，一眼看中了外表出眾的韋亞君，並且第一次出鏡就預備讓她挑大樑，擔任《王老虎搶親》一片的主角，還為她取了一個美麗新穎的藝名——上官雲珠。1940年6月21日的《申報·文藝界》

1940年的上官雲珠

刊登了這樣一條影劇消息：「某公司以浩大之資本，假諸新華、華新、華城之技術人員，及廣闊之攝影廠，準備以最敏捷之手法，預定製作八、九部出品，如徐欣夫導演，上官雲珠、顧也魯、姜明、韓蘭根主演之《王老虎搶親》……」（魏湘濤《一顆影星的沉浮——上官雲珠傳》中國電影出版社1986年版，第1頁）上官雲珠的名字正式見諸各大報章雜誌了，一些小報還用了「藝苑新葩——上官雲珠」、「傾國傾城——上官雲珠」等等溢美之詞來稱讚她。片未拍，人已紅，成名之速快得宛如夢境般不可思議，上官雲珠有些昏昏然了。

然而眼看著一顆新星就將冉冉升起，卻不想幾個月後，風雲突變，不僅上官雲珠在《王老虎搶親》中的角色被童月娟替換了，先前曾稱讚過她的報紙也馬上換了另一副嘴臉，打出「上官雲珠繡花枕頭——草包」、「上官雲珠虛有其表」等等標題攻擊她。轉變之迅速令人咋舌，其中原因種種說法不一。有人說是因為上官的演技不過關，《王

老虎搶親》開拍之時，「上官因沒有拍過電影，看到攝影棚裏水銀燈照得通亮，攝影師在她面前測光，錄音師要她聲音提高一些，場記在她跟前晃著拍板。她發慌了，進不了戲。」（顧也魯〈豁出去的上官雲珠〉，載中國電影出版社1996年版《影壇藝友悲歡錄》）結果這次試鏡，導演很不滿意，於是無奈被換角。也有人說這完全是新華影業公司的一場內部陰謀，「影業公司老闆張善琨與占為己有的紅極一時的女星童月娟，因片酬問題產生了矛盾。老闆為了要脅她，故意物色剛剛踏入演藝圈不久的上官雲珠來與之競爭、抗衡。可是，當張老闆與童月娟又重歸於好之後，上官雲珠便被換了下來。」（劉澍文〈一代影星上官雲珠的生死劫〉，載2004年《大眾電影》第10期）

不管事實究竟如何，對於豆蔻年華才剛踏入影壇的上官雲珠來說，這都是一個沉重打擊。她還太年輕，演技訓練的缺乏使她無法氣定神閒地站在聚光燈前，而生活閱歷的短淺則讓她早早體會到世事艱險。然而倔強的上官並沒有從此一蹶不振，反而更下定決心，這一輩子吃定這碗戲飯了，而且發誓要用「上官雲珠」這個名字闖出一番名堂。

從新華影業公司退出後，上官就到各個小劇團謀出路，不管多麼小的戲份，只要有戲演，能鍛鍊演技，她就願意嘗試。其間她結識了藝華影片公司的演員傅威廉，在他的介紹下，參加了嚴春堂父子創辦的上海藝華影片公司，拍攝了《玫瑰飄零》、《黑衣盜》、《賊美人》、《淚灑相思地》、《大飯店》、《花月良宵》等影片，但因為影片本身製作水準不高，加之所飾演的又俱是配角，上官雲珠在銀幕上沒有什麼成就。1941年太平洋戰爭爆發，上海淪陷，藝華影片公司要併入偽「中聯」，所有演員也要一同併入，耿直的上官不願意為日

本人拍片，就此退出銀幕，專攻話劇舞臺。上官曾誇自己「我也有一些優點的，這優點就是能辨別是非，看重氣節，換句話說，就是我有『正義感』。」（魏湘濤《一顆影星的沉浮——上官雲珠傳》，第39頁）這「正義感」三字，她是當之無愧的。

　　然而，就在上官決心要在事業上幹一番成就時，家庭危機卻出現了，從家鄉一起逃難來到上海的丈夫看不慣她拋頭露面的作風，更不支持她演戲的選擇，兩人之間的分歧越來越大，只得以離婚收場。不久，上官嫁給了從美國留學回來的編劇姚克，對戲劇的共同愛好，使他們互相理解和支持，過了一段美滿的日子。姚克所編的《清宮怨》名滿一時，上官出演其中的珍妃，獨具特色，隨南藝劇團在天津演出該劇時，曾創下連演二十場不衰的記錄。可是好景不長，上官從北方演出回來後，就發現風流成性的姚克已另有新歡，兩人平靜地分手了。

　　雖然家庭生活屢遭波折，上官雲珠卻在話劇舞臺上闖出了一片天地。1941年，她與天風劇場簽訂了基本演員合同，首演話劇《雷雨》，她以清晰的臺詞和動情的表演，成功演繹了丫鬟四鳳這一純真少女的形象，頗獲好評。接著，她又參演了《青春不再來》、《浮雲流水》、《毀滅》、《女子公寓》、《上海屋簷下》、《孤島男女》等劇，進一步錘鍊了演技。1942年，上官雲珠參加了唐槐秋領導的中國旅行劇團，演出《綠窗紅淚》、《三千金》等劇，後又參加影人劇團，赴天津、北平、東北各省、青島、濟南等地巡迴演出。上官雲珠，這個曾被批評為不會演戲的人，此時站在舞臺上已是滿身戲味，表演起來收放自如。

偏見的困擾

從1942到1946年，整整四年，上官雲珠一直只在話劇舞臺上打滾，沒有再上過銀幕，然而她對銀幕的嚮往卻從沒有停歇過，而機會也終於隨著抗戰勝利的炮火姍姍而來了。她在上海劇藝社的戲劇演出中與藍馬結下了深厚的友誼，經他的極力推薦，出演了《天堂春夢》中勢利兇狠的女人龔妻，這是上官在銀幕上塑造的第一個站得住的角色，贏得了評論界對其演技的肯定。隨後，她又被崑崙影片公司邀請，在影片《一江春水向東流》的下集《天亮前後》中飾演漢奸夫人何文豔。上官在這部影片中的戲份並不多，然而等影片放映時，人們卻驚訝地發現這個名不見經傳的演員出手不凡，寥寥幾筆將一個心狠手辣、趾高氣揚的「接收夫人」刻畫得入木三分。此後，她又到文華影業公司參加拍攝《太太萬歲》，飾演一個妖媚風騷的交際花，同樣取得了成功。

一時間，當時銀幕上放映的影片中幾乎都可以看到上官的影子，但因為俱是反面角色，又演得惟妙惟肖，竟使很多觀眾誤以為她在生活中也是如此，甚至一些不熟悉上官的演職人員在剛開始接觸時也會抱有這樣的偏見。上官第一次到《一江春水向東流》的片場報到時，「穿一身裁剪考究的喬其紗鑲細邊的長旗袍、繡花鞋，梳得烏黑光亮的髮髻上簪幾朵雪白的茉莉；她輕拂一把精鏤的杭檀香扇，黎過眼的耳垂上嵌著小小的紅寶石。」（黃宗英《星》，載古吳軒出版社2004年版《黃宗英》）導演鄭君里仔細端詳了她一眼，說：「噢唷，上官，這副派頭……」話雖未說盡，冰雪聰明的上官卻立刻讀出了他的言外之

意，淒然一笑：「不正派，是伐？」雖然，隨著進一步接觸，親近的朋友都能慢慢瞭解上官八面玲瓏的外表下天真率直、重義氣的本性，但這種莫名的偏見還是給了上官很大的困擾，她非常渴望在銀幕重塑形象，擺脫飾演「壞女人」的固定模式。

轉折出現在她的下一部影片《萬家燈火》，上官在其中扮演一個小市民妻子，這是一個和她以前所演的人物迥然不同的角色，有幾場戲難度頗高，很少有語言和動作，完全需要演員運用表情來完成。她潛心領會導演的用意，發揮自己眼睛的優勢，將這幾場戲演得極其傳神。「上官有一對天賦的好眼睛，經得起特寫。眼睛是心靈的窗戶，這兩扇『窗戶』能夠反映她內心複雜的思想感情。」（高正〈上官表演的幾個特點〉，載中國電影出版社1986年版《石揮、藍馬、上官雲珠和他們

上官雲珠在《萬家燈火》中

的表演藝術》）憑著在這部影片中的優異表現，上官一舉扭轉了人們認為她只能演演交際花之類角色的印象。

同樣精彩的表演在她接下來的兩部作品《麗人行》和《希望在人間》中也熠熠生輝。《希望在人間》中她飾演教授夫人陶靜寰，上官雲珠自己的文化素養並不高，以前也很少接觸這一階層的人，但因為她事先準備充分，不僅閱讀描寫知識份子女性的小說增加感性認識，還以看病為由去幾家有女大夫的醫院，認真觀察這些女大夫的言談舉止，因此演來絲絲入扣，端莊可信，極富感染力。而到了《麗人行》一片，她又立時改頭換面，成了一位善良懦弱的紗廠女工金妹，被日本士兵欺侮後忍辱偷生、淪落風塵。淒慘的身世讓同樣在世間掙扎的上官深受感動，拍金妹自殺未遂這場戲時曾一度泣不成聲，入戲之深可見一斑。

上官雲珠在《麗人行》中

《萬家燈火》、《麗人行》、《希望在人間》三部影片，三種不同身份、不同地位、不同性格女性形象的成功塑造，一舉奠定了上官作為性格演員的地位，自然洗練的演技受到了肯定。「上官雲珠的性格演技的特點，恰恰是不在人物造型上刻意雕鑿，而主要是非常準確地抓住人物氣質的創造，把人物的氣質狀態抓準了，讓人物的外部形象自然地從內部形象中產生出生。」（胡導〈上官雲珠的性格化的創作方法〉，載中國電影出版社1986年版《石揮、藍馬、上官雲珠和他們的表演藝術》）因此，不管擔任哪類角色，她總是盡力向角色本身的特質靠近，將自己融入到人物中去，而不是渲染自己的形象。

然而她的擔心卻沒有完全結束，《烏鴉與麻雀》開拍時，上官又被要求扮演國民黨反動軍官的外室，她打心眼裏不想再演這類交際花似的角色了，便在開拍前主動要求和扮演教師妻子的黃宗英對換角色。那時的黃宗英並不明白她心底的悽楚，只是覺得演員換換各種

1946年的上官雲珠

不同類型的角色進行藝術創作也挺有意思，就答應了。結果，兩人在這部影片中的演出都非常精彩，該片還在1953年舉行的全國優秀影片評選中榮獲大獎。

一部接著一部影片的成功，漸漸把上官推上了事業的高峰，她終於實現了多年以來的夙願，把「上官雲珠」這四個字擦亮了，打響了，給了曾經辱罵過、鄙視過她的人們狠狠一擊。旁人能看到的永遠只是表面的風光，然而，也許只有她心裏知道，為了能走到這一步，她經歷了多少艱辛，克服了多少先天的不足。「上官的個子矮，就想辦法從人物的氣質風度上來彌補，因此在舞臺或銀幕上給人的印象並不矮。上官開始普通話講得並不太好，夾有蘇州音，但她下大功夫改，要求別人聽到她哪個音發得不準馬上告訴她，慢慢地也就改好了。」（高正〈上官表演的幾個特點〉）正是透過這樣一點一滴的不懈努力，上官迎來了演藝事業的輝煌，而此時，新中國也在隆隆禮炮中宣佈成立了。

家庭風波

新中國成立伊始，上官雲珠緊跟時代潮流，積極投身到新時期藝術事業的建設中去，擔任了四幕話劇《紅旗歌》的主演。該劇於蘭心大戲劇院排演的時候，上官和劇院第一副經理程述堯在頻繁接觸中互生好感，很快步入結婚禮堂，婚後的上官繼續從事電影戲劇藝術，過了一段平靜安逸的家庭生活。

直到1952年，這一年，「三反」運動進入高潮，勢頭波及到了上官的丈夫程述堯，他被揭發「貪污」了1949年舉行的「勞軍救災」活動的義賣錢款，程述堯為怕解釋起來麻煩竟把這件事承認了下來，還從家裏拿出幾百塊錢退賠「贓款」，以為可以就此了事。誰知，事情卻一發不可收拾，作為文藝界「三反」運動的「收穫」之一，程述堯被戴上貪污分子的帽子，免去職務並留原單位監督改造一年。丈夫出事，妻子難免受牽連，上官生性好強，解放以後事事不甘居於人後，積極回應黨號召的每一項活動，政治地位與社會地位迅速上升，現在卻因為丈夫的問題走到哪兒都要承受別人異樣的眼光，被人指指點點，遭到冷遇，自尊心和虛榮心受到嚴重打擊。程述堯被免職後不到一年，她便改嫁給一直默默陪在她身邊、聽她傾訴心中苦悶的賀路。為了這一個決定她付出了巨大的代價，家裏人都不諒解她，組織上也下達了對她生活作風問題的處分：五年內不許拍片上銀幕。上官又一次滑到了人生的低谷。

　　就在上官為不能拍戲而苦惱時，又有一部戲挽救了她，那就是描寫女護士長帶領傷病員，在主力部隊轉移的情況下堅持同敵人鬥爭的影片《南島風雲》。這部影片的主角符若華原定由張瑞芳扮演，後來因為她臨時接到出國訪問的任務，迫使導演不得不更換人選。然而選擇上官雲珠這樣一個嬌弱瘦小，演慣城市婦女的演員來扮演英姿颯爽、老練果敢的革命英雄人物，在一些人眼裏看來簡直是笑話，提出了強烈的反對意見。好在白沉導演「考慮她氣質較寬，可塑性較大」，（白沉〈和上官一起拍《南島風雲》〉，載中國電影出版社1986年版《石揮、藍馬、上官雲珠和他們的表演藝術》）關鍵時刻力排眾議，堅

決啟用了上官雲珠。在他看來，上官嬌小的身材非但不會有損於革命形象的塑造，反而更可以襯托出女護士長纖弱的外表下堅毅勇敢的內心，更有藝術感染力。

在導演的堅持下，上官幸運的通過了電影局的批准，參與了這部影片的創作。然而拜讀完劇本後，她心裏卻是一陣惶恐，感覺自己和角色形象差距太大，一度還想辭演，在導演的一番勸慰下才鼓起勇氣接受這個挑戰。戲是接下了，但一開始上官還是缺乏自信，總擔心自己演不好，「會把符若華演得軟弱無力、帶有病態」（上官雲珠〈我演符若華〉，載1957年《大眾電影》）。後來，隨著劇組來到海南島體驗生活，在與當地群眾日常生活的相處中，慢慢適應了環境，而他們講的很多有聲有色的革命故事，給予上官很大啟發，漸漸地她找到了飾演符若華的感覺，找回了自信。影片正式開拍時，上官已經充分融入進了角色，細膩生動、富有層次表演良好地詮釋了主人公符若華如何從一個普通的護士長成長為英勇的革命戰士。

《南島風雲》上映後，一時間好評不斷，《人民日報》、《大眾電影》等權威刊物紛紛撰文評論，肯定了上官雲珠在其中的表演，上官用精湛的演技折服了那些對她抱有偏見的人們，並從五年不准拍片的禁令中解放出來。

然而這部影片帶給她的榮譽遠不止於此。1956年1月10日，這是對上官而言具有紀念意義的一天，這一天，上官雲珠拿著陳毅市長親筆書寫的字條「上官雲珠同志，請您來一趟」，走進了中蘇友好大廈，受到了來上海視察工作的毛澤東主席的親切接見。毛主席稱讚她戲演得好，並鼓勵她繼續努力。命運的轉折，使上官雲珠又一次從低

谷中走了出來。上官原已被電影廠列入「右派」名單，此時峰迴路轉，成為「保護對象」。不久，《南島風雲》一片被選為參加第九屆卡羅維·發利國際電影節的觀摩影片，上官雲珠作為影片主演，跟隨中國電影代表團一同出訪捷克，大大開闊了眼界。

　　從捷克訪問回來後，她還陸續參加《情長誼深》、《今天我休息》、《香飄萬里》、《枯木逢春》、《血碑》、《早春二月》、《舞臺姐妹》等故事片的拍攝。1964年，她在《血碑》中飾演一個貧農老大媽，這是她一生所拍的最後一部影片。在這部影片中，她在瀕於絕境時於熊熊烈火中淒厲的嚎叫，懾人心魄，也許她不會想到，這淒厲的呼喊不僅奏響了她生命最後的樂章，更成為了以後持之以恆的主調。

病魔來襲

　　1965年，影片《舞臺姐妹》和《血碑》拍完後不久，上官雲珠來到江西農村參加「四清」工作。不久就感覺身體不適，體虛氣短，晚間睡眠經常咳嗽，上官以為是氣管炎的老毛病又犯了，也沒放在心上。直到1966年初回上海休假後，才在家人的一再催促下去醫院看病。誰知檢查下來，氣管問題倒不是太大，但在乳房上卻發現了異常腫塊，經切片確診為乳腺癌，必須馬上住院開刀。得知這一消息後，堅強的上官以頑強的毅力平靜面對自己身患重病的事實，積極配合醫生開展手術治療。手術進行得很成功，然而就在術後恢復過程中，上官卻又一次陷入昏迷，經專家確診她的癌細胞已轉移到腦顱。於是上

官第二次被抬上手術臺，這一次的手術同樣取得了成功，傷口也沒有感染。只是因為腦顱手術難免碰觸腦部神經，剛醒來時意識迷糊，連話都說不清楚，在醫生的悉心照料和自己的不斷努力下才慢慢恢復過來。

然而比病魔更殘酷的劫難此時才剛剛開始，就在上官雲珠養病的同時，中國歷史上的一場大浩劫——文化大革命開始了。曾經給上官看病的醫生一個個被打倒了，最後上官也不得不搬出醫院回家養病。然而即使回到家裏，也無法躲開這場政治風暴的襲擊。1966年8月的一天，上官家裏突然闖進來幾個戴著紅袖章的大漢，把她從床上粗暴地拉起來，押著到廠裏交待問題。從這天起，對上官雲珠長達兩年多的政治迫害瘋狂地開始了。抄家、批鬥、下牛棚……沒有一件事可以倖免，哪怕上官拖著如此虛弱的身軀。1968年甚至還成立了「上官雲珠專案組」特別提審她，要她老實交代幾次見到毛主席和其他首長的情況以及怎樣惡毒攻擊偉大領袖的言辭。然而這些莫須有的罪狀要上官如何供認，供認不出就是一頓毒打，幾次下來，上官已被折磨得不成人形，生命慢慢逼近了盡頭。

最後一擊

1968年11月22日傍晚，上官雲珠又被專案組提審。對於那些老生常談的問題，她實在沒什麼可交待了，一言不發的態度更引起了審訊人員的怒氣，一陣拳打腳踢後把她踢出門外，並下達了最後通牒：第二天必須交代，否則後果自負。

回到家後，上官彷彿靈魂出竅，不言不語、不吃不喝，只是一味的喃喃自語：「給我寫材料，給我寫材料……」然而，她的心底卻是一片澄明，她知道這材料不管怎麼寫都是白費，審訊人員永遠都不會滿意，永遠都是一次又一次折磨的輪回，永遠永遠，沒有盡頭……

　　1968年11月23日凌晨3時，夜深人靜，萬籟俱寂，從高安路菜市場轉角的窗口直直地飄落下一道身影，重重地跌落在冰冷的水泥地上。上官雲珠，這個一輩子用雙手扼住命運的喉嚨，一次又一次從絕境中爬出來的女子，終於精疲力竭，鬆開了雙手，隨風滑落。這一次她再也沒有站起來，這一次她徹底解脱了，只留給後人無限唏噓，是時代的悲劇，抑或是性格的悲劇？也許在她，只是一次簡單的了結，不再有痛，不再有淚。

白光

做人何必假惺惺

小時候的史永芬，在北方寒冷的冬季裏常穿一件黃色的棉襖，親朋好友們都叫她「史球」，因為她那圓圓胖胖的樣子，好似一個「屎球」。誰也沒有料到，這個小胖丫頭日後成了閃耀藝壇的大明星，她在銀幕上綻放著無可比擬的魅力，煙視媚行、妖嬈富麗，像一道炫目的白光，更為流行歌壇留了太多的經典，〈如果沒有你〉、〈等著你回來〉、〈相見不恨晚〉、〈魂縈舊夢〉、〈秋夜〉、〈歎十聲〉……從上世紀四十年代，一直傳唱到現在。

明星之路

> 窗外海連天，窗內春如海，
> 人兒帶醉態，你醉了嗎？
> 你醉的是甜甜蜜蜜的酒，
> 我醉的是你翩翩的風采。
> 深情比酒濃，你為甚不瞭解？
> 美意比酒甜，你為甚不理睬？
> 我是真愛你！隨便你愛我不愛。
> 只要我愛你，不管你愛我不愛。（《桃李爭春》，作詞：李雋青）

　　1943年，隨著《桃李爭春》一片的上映，一支電影插曲迅速風靡上海乃至於全國，其流行的程度，據當時還在北京讀中學的李翰祥回憶，真是「電臺天天播，舞廳夜夜唱，連北平拉洋車的、蹬三輪的都會唱了」（李翰祥：《三十年細說從頭》，香港天地圖書有限公司，1983年

10月）。這低沉慵懶而又莫名醉人的女聲並非出於別人，正是來自影片的女主角之一——白光。一時間，才剛擠身「新進明星」不上半年的白光就三級跳似的躍入了當紅女星之列。

白光本名史永芬，原籍河北涿州，1921年6月出生在北平，是家中的長女，父親曾在國民黨大將商震手下作過軍需處處長，母親則是堪稱旺丁的「光榮媽媽」，連帶白光，共育有二子六女。白光從小對演藝就有著強烈的興趣，念小學的時候就常常登臺表演《葡萄仙子》之類的歌舞，等到升入華光女子中學，在一群以「天真加活潑，搗蛋加摩登」著稱的該校學生中也毫不遜色，演藝也好，社交也好，白光都是個中的活躍份子。她愛好演劇，1937年就加入了由一些聚集在北平的戲劇愛好者組織的「沙龍劇團」，同年6月，他們排演了曹禺的新作《日出》，白光在劇中飾演小東西，與她一起登臺的，是日後大名鼎鼎的張瑞芳（飾陳白露）和石揮（飾潘經理）。不過很顯然，白光並不是她那群社友們的同道中人，他們試圖用文藝喚起人們對黑暗現狀認識，而她只是喜愛演戲，並一心要出人頭地。

七七事變爆發後，川喜多長政主持的北平「東和影片公司」招考演員，容貌出挑又具有相當舞臺經驗的白光經考試被錄取，之後即出演了一部《東亞和平之路》。對這部從片名上就流露出濃厚的「大東亞共榮」氣息的影片，白光在淪陷時期的上海接受記者採訪時還曾說起過，只是抗日戰爭勝利後她便很識趣地絕口不提了。那時她正值花季，滿腦子做著明星夢，即便是家庭的反對也不能教她止步，用她自己的話說：「我被熱烈追求做明星的夢幻所驅使，在當時是什麼都不顧的。」（吉：〈華懋飯店五二〇號：訪別來無恙的白光！〉載《新影壇》

1943年的白光（《新影壇》
1卷7期，1943年5月1日）

第三卷第二期，1944年9月15日）她為自己起了「白光」的藝名，為什麼？「因為我演過話劇之後要拍電影嘛，電影是什麼？不是一道白光射在銀幕上嘛！好吧，我就叫白光吧！」（轉引趙士薈：《影壇鉤沉》，大象出版社，1998年8月）她雄心壯志口氣闊大，要做銀幕上的「一道白光」。

然而明星的光環並未從此降臨，出過鏡頭上過銀幕的小演員遍地都是，白光離出名尚遠。煩惱還不止這一椿，當時她曾與一位音樂家相戀，甜蜜的日子裏他天天教她學音樂，不諏想他卻最終棄她而去另娶他人。白光感情受挫，事業亦未見起色，為療復情傷也為另謀出路，她參加了留日劇藝獎學金的考試。由於不會日語，白光初試就落了選，但她不依不饒，整個下午都在考堂裏哭求，並拒絕離場，主選人員們終於被她的執著打動，經過重新選拔後將她錄取。

在留學日本東京的兩年多裏，白光一面做著廣播電臺的歌手，一面在三浦環女士主持的歌劇音樂學校裏學習歌

唱，學校解散後，便一直跟著三浦環學習。三浦環是當時日本首屈一指的歌唱家，尤以歌劇《蝴蝶夫人》中的「蝴蝶夫人」一角而享有盛名，一曲〈夜來香〉唱醉無數人的李香蘭也是她的學生。留學的日子是清苦的，白光家中人口多，負擔重，為了貼補家用，她要將獎學金節省一半匯給北平的父母，以至於有時她一天只能吃一碗麵充饑。她吃夠了沒有錢的苦，變得對錢特別的重視。

從平津到上海

學成回國後白光在北平和天津的夜總會演出，夜夜唱的是醉生夢死的歌，她要負擔家中十數口老小的生活。白光重親情，掙錢幫襯家裏，在她看來是天經地義，因為父母弟妹——「這些都是我的親骨肉，除了他們以外，世上有什麼是親近我的？」（白光：〈白光日記〉載《影迷俱樂部》第四期，1948年12月10日）賣唱的出路雖不是上選，至少能解決吃飯穿衣的頭等大事，更何況，收益的確還算不錯，生活漸漸向著寬裕進發，她甚至慢慢地積攢下一筆錢，電影明星夢又重新升騰起來。

1942年冬，白光跟著「滿映」女星李明一同來到上海，她要尋找新的機會。李明與白光因《東亞和平之路》一片而相識，當時她們同為片中演員，後白光留日，李明則在東北發展演藝事業而成為當紅女星，和李香蘭並稱「滿映二李」，並與日本駐東北憲兵特務部的頭目山嘉上校同居。上海淪陷後，山嘉調任上海海軍報導部長，李明便帶著一心想投身影壇的白光隨之南來。

燦爛星途似乎正為白光展開，廣闊天地等著她大顯身手。到上海不久，她便經中華聯合製片股份有限公司董事長林柏生介紹，順利接到了片約，第一部影片就是岳楓導演的《為誰辛苦為誰忙》（原名《舐犢情深》），雖然她還沒與公司簽定演員合同，拿到的卻是女一號的角色，與她演對手戲的是當紅小生梅熹。好運還沒有完，她戲未拍完人倒先出名了，芳名倩影頻頻見諸於報刊，大概是她的留日背景引起了人們的興趣，又或者是這長身玉立、容光照人的北地胭脂為太多婉約佳麗的上海影壇帶來了新鮮味道，配合得力的宣傳，才到上海不過兩個月，白光已然成為影界「新星」。她倒也沒有因此沾沾自喜，想要藝壇常青，沒有好的作品不行，「多拍點影戲，少管點閒事」，當時她是那樣要求自己（愛爾依：〈新進明星白光小姐會見記〉載《明星畫報》第二期，1943年1月5日）。當然，電影要拍，唱歌的看家本領也不能丟了，片中白光演唱了一首由陳歌辛包辦詞曲的〈你不要走〉，曲子淒婉纏綿，在白光低沉醇厚的嗓子唱來別是一番滋味。四十年代初的流行歌壇，作興的是周璇的細膩甜美，白虹的明朗清亮，龔秋霞的宛轉悠揚，白光那女中音一出，還真是別開生面。

　　《為誰辛苦為誰忙》還未上映，就逢「中聯」巨作《桃李爭春》籌拍在即，新片女主角鎖定了當紅影后陳雲裳，不過既然是「爭春」，有了「桃」當然也少不了「李」，白光瞄準時機，堅持要做影片的另一位女角。製片人張善琨是出了名的生意精，片子投資巨大，白光又只是初涉影壇的新人，根本達不到和陳雲裳平起平坐的地位，做老闆的不能不權衡著投入產出，為此遲疑不決。然而白光是下了決

心，志在必得，關鍵時刻她孤注一擲，拿出五萬塊錢的全部心血積蓄，投資《桃李爭春》。張善琨有了合股人，角色的事情自然好說。待影片一上映，還真沒叫白光看走眼，果然是部名利雙收的賣座熱片，電影裏那一曲「窗外海連天，窗內春如海」更是傳遍大街小巷。白光火了，她把劇中的反派女角演得人又愛又恨，那顧盼神飛的修眉俊眼撩人心動，勾魂攝魄的低吟淺唱醉人心田，一句話，夠味兒。之後她又接拍《紅豆生南國》一片，正是星運亨通。

偏偏這時，男女問題卻教她栽了跟頭，她因李明認識山嘉，山嘉又喜新厭舊地看上白光，她經不起利誘威迫，與他同居。然而山嘉酒肉成性，在貪贓枉法一事上也胃口不小，終於被人告發遭逮捕回日本查辦，北平、上海等地與山嘉有過往來的人有不少也被捉拿受審，白光難逃牽連，被拘至日本軟禁。她突然間的銷聲匿跡一石激起千層浪，種種猜測也隨之而起。那時「中聯」已經改組為中華電影聯合股份有限公司，不知是公司顧念舊情還是白光託人設法，最後「華影」出面將她保釋回國。

神秘之星

白光重回上海，已是1944年秋，「失蹤」半年後再度現身，正是大小報刊的絕好新聞，於是特寫、會見記、訪問錄一波接著一波，準確的、捏造的、捕風捉影的，只要是關於白光的。面對記者的詢問，她早已做好準備，說是自己去了日本，跟著三浦環又學了半年唱歌。其實報上愛怎麼寫白光倒也不是很在意，正面宣傳是宣傳，反面宣傳

也是宣傳，白光依舊是白光，紅星風頭未減，反有一干好事者，送她名號「神秘之星」。

　　神秘不神秘白光不管，有戲拍就很好，「華影」有片子給她——《萬戶更新》、《戀之火》，照例是每片必歌，照例是演些放蕩妖媚的女子。「我想演悲劇。最喜歡的是像燕燕（陳燕燕）演的那一種角色。可是大家都說我因為身型的關係，適宜於演反派。但我非常希望將來能夠給我演那樣一部片子試試。」（林戈：〈訪神秘之星白光〉載《上海影壇》第一卷第十二期，1944年10月1日）剛回上海接受記者訪問時她就表露出想嘗試不同類型角色的意願，可是終究沒有如願。不過《戀之火》的同名電影插曲倒是又讓白光給唱紅了：

> 眼波流，半帶羞，花樣的妖豔柳樣的柔。
> 眼波流，半帶羞，花樣的妖豔柳樣的柔。
> 無限的創痛在心頭，輕輕地一笑忘我憂。
> 紅的燈，綠的酒，紙醉金迷多優遊。
> 眼波流，半帶羞，花會憔悴人會瘦。
> 舊事和新愁一筆勾，點點的淚痕滿眼秋。
> 是煙雲，是水酒，水雲飄蕩不遲留。　（《戀之火》，作詞：陶秦）

　　和《你不要走》、《桃李爭春》一樣，《戀之火》的作曲者也是陳歌辛，他與白光合作總是反響甚佳，這讓白光十分感慨，「他的東西孕育著音樂的靈魂與情感」（《白光日記》，約1948年出版），幾年之後她還在一則日記裏這樣寫道。

才剛經歷「無限的創痛在心頭」的白光正需要那「輕輕地一笑
忘我憂」，「舊事和新愁一筆勾」，倘若紙醉金迷等同於舒坦寬裕的
好日子，她也並不抗拒。1945年春，她與國際飯店簽定演唱合同，
每晚在飯店著名的十四樓摩天廳演唱八點和十點兩場。首演當晚，
平時能供應五百位顧客的摩天廳擠入了七百多人，期待一睹白光風
采的影迷還在爭先恐後地擁來，幾位侍應生忙著加放折椅亦無法充
數，好多沒占到座位的觀眾就站在電梯外的門廊裏、衣帽間和帳台前
等著……人山人海，盛況空前，沒人願意錯過白光在上海夜總會的
首度獻唱。

音樂響起，燈光聚焦，白光臂挽盛滿鮮花的竹籃，與白俄舞伴
一同從台後輕步踏進舞池共舞華爾滋，飛舞時她一路向觀眾散花，舞
畢，才由舞伴送上樂台演唱。紅燈綠酒，美曲佳人，當此情景誰人不
醉？白光用輕歌曼舞換全場人聲沸騰掌聲雷動。

那一陣子白光事業順利，風頭甚健，但她終究還是女人，遭遇
過那麼些磕磕絆絆也沒教她灰心，她要被愛，也要愛人。可是時局太
壞，人心太壞，白光運氣更壞，她吃一塹卻沒長一智，仍舊所託非
人。其實這也難怪，與她往來的，除了電影圈子裏的，就是一些生意
人和白相人，那些人殷殷勤勤地接近她，能為著什麼？她又戀愛了，
然而沒多久就有人親眼目睹她與男友王某在國際飯店白光下榻的處所
吵架，聽到她對王某怒喊：「王八蛋，你占了我的身，還花了我的
錢，滾出去，你媽的。」（白夫：《白光與我》，檀香山四寶書屋，1998
年）別看白光平時大大咧咧，傷心的時候她也會痛哭。那天，她擦乾
眼淚便忙著盥洗化妝，摩天廳裏已經滿是等得不耐煩的觀眾，花錢買

票為聽白光，她不能不唱。此後，白光與國際飯店合同期滿，一個人悄悄回了北平。

捲土重來

> 天荒地寒，世情冷暖，我受不住這寂寞孤單。
> 走遍人間，歷盡苦難，要尋訪你做我的旅伴。
> 我與你第一次相逢，你和我第一次見面。
> 相見恨晚，是不是相見恨晚？不！不！
> 我正青春，你還少年，我們相見不恨晚。
> 永結同心，不再離散，重新把環境更換。
> 相見不恨晚，相見不恨晚。（《相見不恨晚》，作詞：黎錦光）

白光倚著鋼琴，慵懶地唱起〈相見不恨晚〉，盡顯絕代風華——這是正在拍攝中的電影《懸崖勒馬》。她又回來了，1948年一始即受中央電影攝影場二廠邀約，抵滬主演該片。

兩年前她不告而別，再度引來諸多猜測，很快又是抗日戰爭勝利，上海電影界忙著清算淪陷時期的「附逆影人」，白光走得早，總算逃過一劫。不是她有先見之明，實在苦衷難言，幾年後她對一位友人吐露實情，那年她離開上海時已懷有三個月身孕，回老家是為了打胎。那段日子無疑又是人生的低潮，白光感情不順，經濟上也是損失慘重——為著她父親把她的錢投資在囤積大米上，結果糧食保存不利腐爛發黴。一大家子人要吃要穿，她必須想辦法，電影暫時是拍不成

了，戰時和日偽方面的關係讓她多少成了「問題人物」，她別無他法，只得仍在平津一帶的夜總會唱歌。這一時期她認識了後來被她親切地叫作「葉子」的毛立，毛立和白光一樣曾在感情上遭創，兩個同病相憐又性格相投的女人成了好友，一起生活長達四年。

待風聲稍緩，白光才又獲得機會，1947年中期，她與北平中央電影攝影場三廠簽了半年多的合同，只是一時間仍無戲可拍，當時毛立甚至還在電影刊物上向上海的導演發表公開信，為白光「求職」。直至秋冬之際，「中電三廠」才有片約給她——《十三號凶宅》——由徐昌霖編導，一部情節曲折，頗具傳奇的恐怖片，故事的背景原型就是被稱為京師「四大凶宅」之一的鄭親王府。白光在片中一人飾四角：蓮英、女鬼、姨太太和小蓮，創下電影史上一人分飾多角之最。

上海方面也有了消息，「中電二廠」要請她拍片。消息總是比人走得快，她還未抵達上海，影迷們就早已從電影報刊上得知了白光的歸來。她過去飄忽的行蹤更是在媒體的渲染下帶上了揮之不去的神秘色彩，人們更加要叫她「神秘的白光」，雖然她一再表示：「我根本沒有神秘的地方」（〈電影雜誌讀者質訊白光〉載《電影雜誌》第二十七期，1948年11月1日）。

「《懸崖勒馬》的劇本已讀完，我飾演的又是一個壞女人，因為我在戲裏演的是壞女人，結果給人的印像也是『壞女人』，我真希望有個劇本能改變劇中人的個性或者是飾一個善良的女人，像前輩林楚楚一樣的賢妻良母的角色。」（《白光日記》）白光在日記裏寫道，頗有幾分無奈。她的銀幕之路常常落入這樣一個模式：一部影片，一個「壞女人」，一首好歌。這次還是如此，《懸崖勒馬》上映了，《相

見不恨晚》也流行開了。之前從北平那裏也傳來捷報，《十三號凶宅》場場爆滿，賣座奇佳。

　　她一個漂亮的翻身，重整雄風，銀幕上是她媚眼巧笑風姿撩人，電臺裏有她濃情蜜意歌聲繚繞。當時百代公司唱片版稅最高的，周璇之後就是白光，上海歌壇的「五大歌后」也好，「七大歌星」也罷，都少不了她白光的名號。

金錢、愛情、一九四八

　　1948年是白光忙碌而充實的一年，她接連拍攝了《蝴蝶夢》、《柳浪聞鶯》、《人盡可夫》、《六二六間諜網》、《珠光寶氣》、《亂世的女性》等片，其中歌唱片《柳浪聞鶯》以穿插了十五首電影歌曲創下影史之最，在白光演唱的七首中就有日後成為她代表作的〈如果沒有你〉。

　　這些片子有的她也投了錢進去，對於錢，她是益發謹慎了，自己投資的片子可以分紅，她很樂於又當股東又

白光在影片《人盡可夫》
中飾演馮芸

做女主角，否則沒有現鈔旁人不要想請她上鏡。比如她拍《六二六間諜網》，合約簽定酬勞三期支付，開鏡時付第一期，拍到20個工作天之後付第二期，拍完最後一個鏡頭全部付清。前20天一切順利，到了第21天早晨，第二期的錢還未到手，白光就以沒情緒為藉口怎麼也開不出戲，錢一送來，她立馬抖擻精神在鏡頭前收放自如。銀貨兩清，這一點上白光毫不含糊。不少影迷來信討要照片，也讓白光又高興又頭痛，高興是受到觀眾喜愛，她覺得如果沒有影迷的擁戴，她的片子也不會賣滿座；頭痛是因為印照片要錢，十二打相片不夠半個月就送完了，她很有點心疼。毛立開玩笑地替她在影刊上向影迷申明，倘要照片需付四毛印費，結果還真有人很體諒地回應了。她重錢，並且從來不避諱自己重錢，外界拿這一點做文章，她卻說：「報上罵我『猶太』不『猶太』怎麼樣，血汗賺來的錢隨便花嗎？」（《白光日記》）毛立也說過，白光「是一個實際主義者」（蔡國：〈金錢支配了白光〉載《每週電影》第三期，1949年1月15日）。

金錢之外，白光還是一樣憧憬著愛情，從前那樣吃過男人的虧，她卻沒有熄滅對愛的渴求，雖然她自己也說，「男人沒好東西」。不過她又說：「在愛情上我是一點忍耐心也沒有的，合則來不合則去」（白光：《白光日記》載《影迷俱樂部》第二期，1948年10月25日）。分離聚散畢竟沒有白白經歷，她只是更隨性更灑脫，紅塵萬丈，白光還在等著好風光。有記者採訪她：「聽說你厭倦了交際生活是不是？」她笑：「我是一個樂觀成性的人，怎麼會這樣消極呢？」（美莎：〈白光將抱獨身主義〉載《電影雜誌》第十一期，1948年3月1日）；影迷來信問詢：「都說你是人生浪濤裏翻過跟斗的人，經歷了多少世

故，現在你是否感到厭倦或有夕陽無限好的感覺？」她答：「這句話說得太早了，再過二十年也許我會有這種感覺的。」（〈電影雜誌讀者質訊白光〉）她甚至想要結婚，感慨「我愛上的人，他們沒有一個願娶我回家去，而那些我不喜歡的，他們又像蒼蠅似的叮著」（《白光日記》）。她還像個天真又愛慕虛榮的女孩子那樣，想：「能嫁個闊人多好，而他又只愛我一個人。」馬上又清醒：「但世上沒有如意事。」（《白光日記》）她的一位友人曾這樣形容：「金錢及愛情是白光的糖果。有時，她像小孩一樣，真是易欺的。」（白夫：〈白光與我〉）

除了拍戲、唱歌、賺錢、戀愛，空餘的時間裏白光喜歡跳跳舞，讀讀文藝小說，她每天要抽大約二十枝美國煙，也不忘吃上一兩個生雞蛋保養嗓子，影院更是她常常光顧的地方，因為「看電影對於我就像上課一樣」（《白光日記》）。她喜歡英格麗・褒曼（Ingrid Bergman）、葛麗亞・嘉遜（Greer Garson）的演技，凱薩琳・赫本（Katharine Hepburn）的臉型，而以「神秘」著稱的嘉寶（Greta Garbo）是她最欣賞的好萊塢影星，白光總是不承認自己「神秘」，大概也是不願意被説成模仿嘉寶。有讀者給她寫信：「我以為你是中國唯一的『麗泰海華絲』（Rita Hayworth）。我希望你演《蕩婦姬黛》，《欲海妖魔》一類的戲。」白光回答：「我希望我是世界上唯一的白光，演『白光型』的戲。」（〈電影雜誌讀者質訊白光〉）──縱覽三四十年代中國女星，有誰像白光那樣滿滿自信？她甚至夢想打進好萊塢。1948年，美國著名華裔攝影師黃宗霑二度訪滬，白光得知他有意拍攝老舍的名作《駱駝祥子》（最終因故擱淺），忙託人牽線，登門造訪，

爭取「虎妞」一角。奈何黃宗霑對角色
理解不同，他心目中的「虎妞」是個天
真爛漫的姑娘，白光顯然不合他意。其
實老舍筆下那個粗野刁潑，透著股狠勁
的「虎妞」，白光還真有幾分神似。

　　白光是不能用那個時代一般道德
準則來衡量的女子，她作風大膽，口
無遮攔，愛和人討論男女之間的問題，
認為「人生是奧妙神秘不可測的」。
（白光：《白光日記》載《影迷俱樂部》
第一期，1948年10月15日）毛立覺得她講
話太不害羞，她則一片坦然：「其實
『色即是空，空即是色，』性與食又有

1948年的白光

什麼分別？我頂討厭人假道學。」（白
光：《白光日記》載《影迷俱樂部》第一
期，1948年10月15日）她用滿是不屑和
調侃的腔調唱過一首痛快淋漓的〈假正
經〉：「假惺惺，假惺惺，做人何必假
惺惺……」她也很少階級觀念，逛馬路
時「碰到野雉她能同野雉談一會兒，甚
至也會和三輪車夫相罵」（蔡國：〈金
錢支配了白光〉）。率真、直接，這就
是她為人處事的做派，很多年後李翰

祥就說：「到今天為止，電影界最坦率的女明星，白光認第二，大概沒人敢認第一了。」（李翰祥：《三十年細說從頭》）至情至性、敢愛敢恨，白光的潑辣爽利為當時女子所少有，她的人就像她唱歌時的調調──帶著世俗，卻又不屑世俗。

一代妖姬

　　1949年，白光赴香港拍片，和之前的周璇、李麗華、王丹鳳等人一樣，她也很快站穩了腳跟。加入張善琨主持的長城影片公司後，又先後主演了《蕩婦心》、《血染海棠紅》和《一代妖姬》三部影片。其中《蕩婦心》根據俄國作家托爾斯泰的經典名著《復活》改編，此前已經兩上中國銀幕：1926年明星影片公司的《良心復活》，楊耐梅主演；1941年藝華影片公司的《復活》，李麗華主演。楊耐梅、李麗華、白光，雖然出道的時間有先有後，卻都屬女明星中的風情派──導演們眼光何其相似，從天真嬌俏演到風塵滄桑，中國版的「瑪斯洛娃」們都是縱使飄茵墜溷也掩不住照人的光彩。由普契尼三大著名歌劇之一《托斯卡》改編而來的《一代妖姬》更像是為白光量身訂做，上映後轟動一時，它不僅奠定了長城影片公司在香港影壇的地位，還讓片名從此成為白光的代號。她是影壇尤物，歌壇夜鶯，紅透了半邊天，聲勢甚至蓋過「天王巨星」李麗華。

　　在1950到1953年間，白光片約不斷，接連主演了《有家室的人》、《雨夜歌聲》、《結婚二十四小時》、《歌女紅菱豔》、《新西廂記》、《香姐兒》、《玫瑰花開》、《毀滅》、《寒夜兇殺

案》、《身世飄零》等一系列電影。就在事業如日中天之時，她與美籍飛行員希林結婚，不久即息影，夫婦共赴日本定居，白光還在東京銀座與人合夥開辦了一家「頂好夜總會」。然而這段婚姻維持不到兩年即告破裂，因為財產分配的問題，離婚官司也打得曠日持久。

1957年，白光在香港創辦國光影業公司，圓她的編、導、演之夢。早在四十年代，她就在日記裏寫到過：「演戲能演多少日子呢？我忽然想到自己當導演與自己製片上面去。」（白光：《白光日記》載《影迷俱樂部》第二期，1948年10月25日）在影院看電影時，她也會和同伴討論影片的表現手法，比如序幕起得好不好，光線運用美不美，音樂配得是否適當，佈景是不是搭得逼真……還常常誇口說：「我要做起導演來，用不著從副導演做起，只要我多用些腦子就得了，再過幾年，我年紀大了，不能再演年輕女人的戲，就想導部戲給你們瞧。」（毛立：〈白光眼中的西影明星〉載《西影》第二期，1948年12月8日）白光果然沒有食言，「國光」出品的《鮮牡丹》、《接財神》兩片就是她的兌現，製片、編劇、導演、表演、配唱，她都一手包辦。

六十年代，白光曾在五月花夜總會獻唱，並組團到各地巡迴演出。1969年她在馬來西亞一家夜總會登臺，邂逅小她20歲的老闆弟弟顏良龍，緣分來時如潮水，這一見鍾情換來相戀半年後的終生之盟，更換來三十年的相濡以沫不離不棄，正應了那句「相見不恨晚」。大浪淘沙，歲月磨洗，曾在慾海情濤中翻滾的白光終於在吉隆玻定居下來，安然擁抱平靜恬淡的生活。

1999年8月27日，白光因直腸癌病逝於吉隆玻。顏良龍將愛妻的墓地築在市郊的富貴山莊，並為她建起琴形的墓誌銘碑，琴鍵上端刻

著一行〈如果沒有你〉的五線譜，那正是白光最喜愛的歌，按動琴鍵，她那幾十載風情不改的歌聲悠然響起：

如果沒有你，日子怎麼過？

我的心也碎，我的事也不能做。

如果沒有你，日子怎麼過？

反正腸已斷，我就只能去闖禍。

我不管天多麼高，更不管地多麼厚，

只要有你伴著我，我的命便為你而活。

如果沒有你，日子怎麼過？

你快靠近我，一同建起新生活！（〈如果沒有你〉，作詞：嚴折西）

白楊

明如春水，直若白楊

11歲，她就成為演員。

13歲，一位話劇導演把「白楊」這個名字送給了她。

17歲的時候她來到上海，首部主演的影片就讓「白楊」這個名字響徹上海。中國影壇誕生了一顆不一樣的明星。

白楊，楊柳科楊屬，易栽易活，折一個枝條插進泥土裏，很容易生根發芽；速生豐產，10年左右就能成為樑椽之材。

一片成名

> 「春天裏來百花香，郎裏格朗裏格朗裏格朗
>
> 和暖的太陽在天空照，照到了我的破衣裳
>
> 朗裏格朗格朗裏格朗穿過了大街走小巷
>
> 為了吃來為了穿晝夜都要忙
>
> ……
>
> 朗裏格朗格朗裏格朗，遇見了一位好姑娘
>
> 親愛的好姑娘天真的好姑娘
>
> ……」
>
> ——《十字街頭》插曲〈春天裏〉

1937年，一部反映青年學生走進社會的電影《十字街頭》受到上海市民的喜愛，由關露作詞、賀綠汀作曲的插曲〈春天裏〉很快流行起來。〈春天裏〉由趙丹扮演的男主角「老趙」吟唱，當時，21歲的趙丹遇到的「好姑娘」正是初到上海在片中扮演女主角「小楊」的17

歲的白楊。此片讓白楊一舉成名。當時
的媒體稱：「白楊加入明星在《十字街
頭》中演出後，在影界的聲譽和地位便
日漸高漲起來，而明星當局對她亦極倚
重，由把她當作胡蝶的後繼者的企圖可
從最近明星加給白楊月薪從一百元變為
三百元這數目來看，可見她今日在明星
的地位了。」（1937年第二十七期《電影
週刊》，轉引自倪振良《落入滿天霞——
白楊傳》1992年6月）

　　為了幫助市民瞭解這顆明星公司
年輕的新星，採訪和約稿紛至沓來。
人們知道了之前白楊活躍於平津和南
京的話劇舞臺，由洪深先生推薦給了到
南京「招兵買馬」以圖重振明星公司的
二廠經理周劍雲。當時的明星二廠精英
薈萃，應雲衛、袁牧之、賀綠汀、沈西
苓、吳印咸、楊霽明、趙丹等都聚集到
了一起。

　　白楊後來撰文回憶了當時主演處女
作《十字街頭》的感想：「這第一次嘗
試的結果，在我個人演技方面的好壞，
我不敢說，因為談不到什麼成績，只能
算是一個試驗……」

白楊在《十字街頭》中
的定型照

但是，這一次銀幕主演的經歷和她11歲時初涉銀幕飾演小配角的體驗畢竟太不一樣了。17歲的白楊已經是個富有生活經歷和舞臺經驗的演員了，所以她對於拍攝這部讓她一舉成名的作品的印象表現出了她當時即已具備的獨立判斷能力：

　　「……使我得到一個戲劇和電影根本不同的見解，戲劇和電影雖同是寫照人生的姊妹藝術，但是表現的方法卻大不相同了，戲劇好像是一整個人生的，由演員去經歷，去生活，電影好像是一個片斷的人生，叫演員零碎的，前後反倒的表演，感情不能連貫統一，而且鏡頭放置的地位遠近和所發生的效果不同，使一個演員不能有真的情感出來，演員好像變做一個傀儡，沒有靈魂的生物，受著導演的支配，……因為導演都有主觀的見解，但是演員都變成傀儡，這對於演員是否會有興趣？所以我敢說，電影對於演員不是一種藝術，而是很科學化的，至少在目前中國的電影是這樣。」（白楊〈十四年的流水賬〉，載1949年《星象》第一期）

　　對於在電影這個新行當中「演員好像變做一個傀儡，沒有靈魂的生物，受著導演的支配」的現象，顯然她並不喜歡。《十字街頭》以後，她以戲路不對為由拒演了據說是無聊外加賣噱頭的劇本《雙姐妹》。她主演了「伯樂」洪深先生編寫的《社會之花》和《四千金》，中間因為明星公司借藝華公司周璇主演《馬路天使》，白楊也被藝華公司借去出演了《神秘之花》一片，她對影片角色的理解程度的深刻和反應之快讓編劇潘子農印象深刻。到1937年9月，白楊參加抗日救亡演劇宣傳活動離開上海，一年不到的時間，白楊已經在國內影壇奠定了其地位和知名度。

雖然只有17歲，但是白楊表現出在同時期其他電影演員身上很難找到的直率性格和強烈的自我意識。今天來回顧白楊進入影壇的經過，探索其性格和精神世界的形成，白楊年幼時的生活經歷不能被繞開。

母親愛我嗎？

「這個家庭最大的不幸是父母常年不和，他們成天吵吵鬧鬧，以致弄得家不像家，亂亂糟糟的，沒有一點和睦的氣氛。……母親愛我嗎？我真說不上來。也許母親的一生有她難言的隱痛，顧不上關懷自己的兒女。反正她對自己的子女不關心，也談不上什麼愛撫。」（〈從藝之前〉，選自白楊《白楊演藝談》，1995年10月）晚年的白楊自己這樣回憶。

1920年4月22日，楊成芳（白楊）出生於北平西四丁家街，籍貫湖南湘陰。楊成芳是家裏的「滿妹」（湖南人稱呼家裏最小的妹妹），她有一個大哥，兩個姐姐。父親楊震華是前清舉人，「京師大學堂」的商科學士，因在北京創辦私立新華大學而名聞遐邇。楊震華往來於名流之間，根本不顧家，而母親丁鳳儀和他常年不和。

唯一照顧白楊的，就是她的奶媽。不久家境敗落，奶媽在工資被一再拖欠之下，帶著四歲的白楊回到自己的鄉下的家，一半是因為疼愛而不捨，一半是可以當成人質。從1924年春開始，白楊在昌平縣小湯山小香屯奶娘家生活了四年。乳娘待她就像自己的孩子一樣，按照白楊自己的回憶，「我的童年生活的一切美好印象，就是從乳娘那兒

開始得到的」（〈從藝之前〉）。作為窮人家的孩子，白楊很快學會了照顧自己，以及做各種農活。不久，奶娘因為肺病去世，白楊更加「孤苦伶仃」，並且「過早地懂得了憂鬱」。在鄉下的四年期間，家裏沒來過人，沒捎過信，也沒有寄過錢，這個孩子似乎被完全遺忘了。直到1928年秋，已經八歲的白楊才被大哥領回了家。除了從農村孩子變成了城裏大戶人家的小姐，回到自己家裏並沒有讓白楊感受到久違的家庭溫暖。

不過，父母畢竟沒有忘記讓老四插班上學。為了趕上同學，白楊學習刻苦，很快名列前茅。在學校裏她愛上了文藝表演，這讓她暫時忘記了日益惡化的家中狀況。新華大學早就破產，父親棄家遠走。因為雙方父母反對婚事，大哥和大嫂離家出走。1931年秋，母親丁鳳儀去世，剛讀四年級的白楊輟學了，二姐楊成亮也停學票戲。在外教書的大姐回到家中料理母親的喪事。正是在這個家分崩離析的時候，年幼的白楊走進了影壇。

白楊與她的姐姐合影

1931年，上海聯華影業公司北平五廠招考演員，二姐楊成亮帶著白楊去報了名。考試那天，白楊沒有等到二姐。她一個人從西城步行到東城的考場，發現她是考生中間年齡最小的一個，據說當考官問其前來報考的理由時，她回答的理由有兩點：為了生活；為了興趣。等到冬天白楊才收到「聯華」五廠演員養成所的錄取通知。此時，白楊的家裏剛剛料理完母親的喪事。大姐、二姐各奔東西，租住的屋子也退了。11歲的女孩楊成芳就此告別自己的童年，如果說，四年的鄉村寄養生活讓這個缺乏家庭溫暖的孩子學會了自己照顧自己，現在，這個被迫長大的孩子要開始獨立面對生活了。

當時北平聯華演員養成所由侯曜、王瑞麟主持，白楊在三個月的時間裏學習了表演和化妝術，然後參加了聯華五廠唯一出品《故宮新怨》的拍攝。她在片中鏡頭寥寥：她扮演的小丫頭從宮殿門前一口大銅缸的背後探出頭來窺看。「一二·八」讓上海「聯華」二廠毀於一旦，次年7月，「聯華」北平分廠和演員養成所停辦。白楊初涉影壇的日子不過大半年，她獲得一個小配角的角色和楊君麗的藝名。然而，她之後的影劇人生正因為這幾個月的經歷而展開。

舞臺上的青春期

白楊雖然成名於影壇，但是舞臺生活卻是她藝術生涯的重心，是她藝術和精神成長的處所。離開了聯華演員養成所，12歲的「楊君麗」在父親以前同事的資助下進入北平春明女中讀初中一年級，不久由於資助者本人失業，白楊再次失學。經聯華演員養成所的同學許晴

介紹，白楊進入了「苞莉芭劇社」。

　　「苞莉芭」是俄語「戰鬥」的意思，當時年齡最小的白楊在劇社的名字是「魯珈」，俄語「紅色」的意思。常常有軍警衝入演出場所武力驅趕，當看到身邊的夥伴被刺傷流血的時候，「苞莉芭」的含義透過身軀表達了出來。

　　除了參加激進的話劇演出——《戰友》、《亂鐘》、《SOS》，白楊非常迷戀在劇社成員劉莉影租住的小屋裏聽比自己年長的夥伴們和她／他們的朋友們、戀人們談話，對十二、三歲的「魯珈」來說，這裏有聰明漂亮熱情時尚的青年男女，有矜持成熟的劇社負責人，有來自東北的流亡青年，有關心時政和國家命運的年輕人，當然，還有各種文學、藝術書籍，還有瓜子、花生米、滷菜和酒……在國家和時代的「救亡」主題之下，自由、激進、搏鬥、普羅文藝、戀愛、先鋒、浪漫、活潑、團結、直率……身心勃發的青春在劇社的年輕人身上無需抑制。在這裏，白楊開始了她青春期的精神成長和她的舞臺生活。

白楊十一歲第一次演話劇《喇叭》登臺時留影

「苞莉芭」劇社解體後，白楊和聯華演員養成所的同學董世雄（後來改名藍馬）一起排演話劇。接著在新球劇社出演了田漢作品《解放了的范西》；在北平藝術研究會出演了熊佛西作品《喇叭》——導演楊村彬贈名「白楊」；在北平小劇院出演趙元任作品《最後五分鐘》……由於在北平話劇舞臺上的日益活躍，白楊受到當時北平的戲劇界權威和媒體的矚目。1934年8月1日中國旅行劇團來到北平，賞識者把白楊推薦給了劇團團長唐槐秋。

中國旅行劇團是中國第一個半職業化的話劇團體，留法學生唐槐秋有感於歐洲旅行劇團在各地隨時演出的靈活和貼近大眾，創辦了中國旅行劇團。團員有唐若青、陶金、章曼萍、趙慧深……，大家同吃同住親如一家，這個大家庭裏還有副團長戴涯、隨團導演中法大學教授陳綿、隨團導演和演員、齊魯大學的教師馬彥祥……白楊開始跟著「中旅」闖蕩：北平、天津，開封、鄭州、石家莊……在北平知識界的專門劇場協和禮堂，14歲的白楊臨時救場主演《梅蘿香》大獲成功；在白楊演出王爾德原作、洪深改編的作品《少奶奶的扇子》後，觀眾贈給她兩把名貴的羽毛扇……然而1935年秋天，白楊離開了「中旅」。

「中旅」經費緊張，生活清苦，走南闖北，團員甚至在大熱天擠過裝牲口的悶罐火車箱，這些對於白楊來說都不算什麼，但是由於團長唐槐秋的女兒唐若青為雷打不動的台柱，連章曼萍和趙慧深主演的機會都不多，白楊常常需要在救場的情況下才獲得機會，這讓她倍感壓抑，最終離開。1935年，出獄不久的田漢和應雲衛、馬彥祥、陽翰笙在南京發起成立中國舞臺協會，馬彥祥邀請白楊參加。上海的戲劇

界同仁也受邀來到南京聯合演出。白楊不僅遇到了「聯華」老同學、「苞莉芭」老社友劉莉影和她的戀人魏鶴齡，還見到了老前輩洪深、作曲家冼星海、演員舒繡文、尚冠武、劉瓊、顧夢鶴、吳茵等等。和馬彥祥合作演出了田漢反映愛國華僑夫婦生活的作品《回春之曲》後，白楊受到洪深賞識，稱其有「台風」。洪深隨即讓她主演了自己導演的《黎明之前》。隨後，在中國話劇舞臺上的第一個獨角戲《早餐之前》中，白楊成功扮演了一個生活窘迫、喋喋不休的中年婦女。由於洪深的欣賞和推薦，1936年，16歲的白楊受聘明星影片公司，從南京來到了上海。

哪裡能夠盡心所欲

　　1945年9月，日本宣佈無條件投降。抗戰勝利給上海的影壇帶來了很多新東西。「和平除了為我們帶來了勝利，同時也帶來了許多闊別了很久的朋友。其間除軍政二界以外，要算電影界最熱鬧，大小明星，以及幕後英雄，紛紛到達上海……現在，無疑的是白楊最使觀眾注意了。」（春風〈白楊的轉變〉，載1948年2月1日《電影雜誌》第九期）

　　1946年，白楊回到上海，日程安排非常密集：她拍攝了昆侖影業公司的首部影片《八千里路雲和月》，隨後主演了蔡楚生、鄭君里編導的《一江春水向東流》，該片連映三個月，創造了國產電影放映史上的賣座紀錄；在拍攝間隙又主演了丈夫張駿祥編導的反映戰後「接收」時景的影片《還鄉日記》和《乘龍快婿》，中間又赴北平拍攝影片《聖城記》……媒體這樣評價她第二次來到上海的表現：

「從《八千里路雲和月》開始，到老蔡導演的《一江春水向東流》為止，白楊已經奠定了她在戰後影界的地位，這固然是導演的安排妥貼，但是也不能不使別人對白楊的演技表示驚奇，不可否認的她創造高度的成績，使觀眾對她留下了新的印象，在《一江春水》上映以後，她那閃耀的星光幾乎照遍了整個中國。」（春風〈白楊的轉變〉）

白楊晚裝照

然而，面對記者的採訪，白楊表示自己「是初學者」，「既無經驗可談，又無歷史可背」，「不但想創造一個角色難，就是以自己的欣賞力想選一個好劇本都難」，這和她17歲時對記者說的相差無幾。甚至她對受人支配不得自由的抱怨仍然和當初相差無幾，她對記者感慨自己無法利用和把握自己的時間，「因為全部都任人宰割了」。白楊的藝術傾向和藝術觀可以透過當時的採訪瞭解一二。她向記者透露自己最喜愛沈從文的小說；對於電影劇本，她喜歡「活生生的現實戲」；對於角色，她喜歡「個性凸出」的性格。儘管白楊具備

了自己的藝術標準和喜好，但是對習慣了以藝術作「鬥爭」的白楊來說，拍電影顯然還有更重要的目的。白楊認為當時的環境需要拍攝更多「血淚交流的故事」，她反問記者：「那裏能夠盡心所欲，不顧及大題，以特出的性格戲，表現自己一點點小願望？」（湯美〈訪秋天裏的白楊小姐〉，載1947年10月16日《電影雜誌》第二期）對於藝術的自由追求與對於政治使命的牢記可以貫穿白楊的一生，藝術素質和政治意識的成長同時萌芽於早年的「苟莉芭」時期，而成熟於在戰爭爆發後大後方四川的影劇生活。

人生的舞臺

在大後方的八、九年時間裏，白楊參加了官方電影機構，在頻繁的空襲中只拍攝了《中華兒女》、《長空萬里》、《青年中國》三部國防影片，話劇演出佔據了她工作和生活的大部分時間，並在1941年起逐漸達到高峰：《天長地久》、《天國春秋》、《重慶二十四小時》、《屈原》、《法西斯細菌》、《大地回春》、《金玉滿堂》、《復活》、《家》、《柔密歐與幽麗葉》、《萬世師表》、《小人物狂想曲》……在大後方，白楊與張瑞芳、秦怡、舒繡文被稱為話劇界「四大名旦」，是聞名遐邇的大明星。與白楊合作往來的都是堪稱當時中國第一流的編劇和導演：郭沫若、夏衍、陽翰笙、應雲衛、洪深、陳白塵、沈西苓、沈浮、賀孟斧、潘子農、陳鯉庭、章泯，以及後來成為她丈夫的張駿祥。她對陽翰笙的信任和友誼可以追溯到1936年，在收到上海明星影片公司的聘用邀請後，白楊去了住在不遠處的

陽翰笙家聽取他的意見。在重慶，經過陽翰笙的介紹，白楊去了曾家岩50號做客，那是時任國民政府軍事委員會政治部副部長和中共南方局書記周恩來的家，此後白楊時常可以當面聽取這位她敬重的政治領袖對她舞臺表現的意見；也是在周恩來的家裏，白楊第一次見到了毛澤東，後者見面就指出她是湖南人，是「同鄉」，讓她倍感親切。當時的兩部大戲《天國春秋》和《屈原》都承擔著影射「皖南事變」和影射當局的政治意義，從當局的種種阻撓和觀眾的熱烈反應來看，這兩部聚集了當時大後方一流編、導和演員的作品成功地發揮了政治作用。

白楊與丈夫張駿祥合影

　　文藝作為救國工具的信念，為當時中國不少知識份子精英所堅持，而白楊經由和他們的合作和交往，透過自己的舞臺表現，通過直面軍警、特務，又經政治領袖的鼓勵，將這種信念牢固和明確地樹立起來。除了選擇有「意義」的影劇作品，白楊也很樂意直接參與政治活動，早在1937年她就響應宋慶齡

等人為營救「七君子」發起的「救國入獄運動」簽名；1945年她又在郭沫若起草的〈陪都文化界對時局進言〉上簽名，這份〈進言〉讓當時的最高當局非常惱火，而白楊以「沒有時間」為由拒絕了當時國民黨中宣部副部長的「傳請」，最後有驚無險；1946年白楊在《文匯報》上撰文抗議上海市公安局發動的歧視性的藝員登記。這種精英知識份子般的政治意識在當時的中國影星身上確實難得一見。1949年10月1日，白楊作為中國演員的唯一代表，登上天安門城樓見證了開國大典。

　　1949年對於白楊的生活還有一件重要的事情。她和丈夫張駿祥分手之後，與同在上海電影製片廠工作的蔣君超結婚。

　　解放後白楊身為上影廠演員，多次擔任全國人大代表和政協委員，同時在官方和非官方的機構任職。到「文革」之前，她拍的電影屈指可數，舞臺上幾乎看不到她的身影了。

　　1957年對於白楊似乎是個好年頭，春天的時候《北京日報》舉辦了建國以來首次觀眾投票評選電影演員的活動，白楊得票最多，成為「最受歡迎的演員」。到了夏天，白楊主演的中國首部彩色故事片《祝福》在捷克第十屆卡羅維・發利國際電影節獲得特別榮譽獎。該片由夏衍改編、桑弧導演，白楊主演祥林嫂一角，為了精心準備這個難得的角色，白楊耗費了大量心血。然而，四年前遞交的入黨申請仍然沒有回音。在這一年元旦，白楊發表了〈新的開端　滿腔熱望〉的文章，對於解放後的電影事業直言不諱：「現在大家都很關心人民電影事業的改進問題……解放後的電影曾經感動了鼓舞了千千萬萬的中國人民，在人民建設新的生活中起了很大的作用，這是一面。國產

片的成績是不能令人滿意的，產量少，存在著公式化、概念化，千篇一律的現象，缺點不少，也是一面。」她在談到「藝術領導」的「領導藝術」時稱：「我感到在不少片子中彷彿有『無形的人』在擺佈，我指的這種『無形的人』乃是藝術創作幹部和藝術領導頭腦中的一些教條主義思想。再說，過去藝術領導的方法，也過多的採用了行政命令，而忽視了藝術領導的領導藝術。」文革中，白楊被打成「叛徒」和「特務」，在工廠和監獄被非法監禁五年，據說走出監獄的白楊成了一個枯槁的老太婆，看著來人只能發出嘶啞含混的聲音。接著是幹校的「再教育」。1978年她獲得平反。

白楊於1996年9月18日逝世。逝世之前六年，「白楊從藝六十年」紀念活動舉行的時候，曹禺、陽翰笙、黃佐臨和張駿祥等紛紛送來自己的賀辭，陳白塵的賀辭是「明如春水，直若白楊」。

周璇

心有千千結

很多對老電影不熟悉的人，也會哼上一兩句「金嗓子」周璇演唱的〈天涯歌女〉，這是電影《馬路天使》中的插曲——周璇梳兩條大麻花辮倚著窗臺餵雀兒，低頭淺唱「天涯呀海角，覓呀覓知音」。在周璇所拍攝的總共40餘部影片中，甚至在二十世紀上半葉整個中國電影版圖上，這個鏡頭都有著無與倫比的光芒，將永遠定格影史。

這一位歌影雙棲的大明星在旁人眼中耀眼繁華，而生世迷苦，只有她自己能體會那咬噬心靈的痛。周璇的大半生都在尋找親生父母，可直到去世也沒找到。周璇的大半生都在尋找愛和停泊心靈的港灣，但最後在迷狂中離世。

孤女唱響大上海

自己的生日，生身父母，出生地，家族，這些是一個人來到世上天經地義應該知道的。可是周璇將她的身份牌全部丟失，她是一個從小丟了家的孤女。

「當我6歲的時候，我開始為周姓的一個婦人所收養，她就是我的養母。6歲以前我是誰家的女孩子，我不知道，這已經成為永遠不能知道的渺茫的事了！」（周璇〈我的所以出走〉，《萬象》）

在周璇之子周偉所編著《我的媽媽周璇》一書中，稍略梳理了周璇的身世。周璇一直未停止尋親的努力，但無從所獲。在生命彌留之際，1957年8月的一天，一位叫顧美珍的老太太找到醫院，稱周璇為其親生女兒，《我的媽媽周璇》予以採信。顧老太太從事護士職業，院方考

慮認親引起的情緒波動可能惡化周璇病情，未安排相認。一個月後，周璇帶著一輩子未見親媽的遺憾，永訣世界。

　　從顧老太太的描述中，周璇原名蘇璞，生於1920年，屬猴，江蘇常州人，幼年寄養在外婆家時被舅舅拐賣。有一說周璇幼年曾在尼姑庵度過一段時間。周璇自稱6歲時為周姓的一個婦人收養。發現自己不是周家親生女兒，也事出偶然，養父周文鼎（又名周留根）的次子周履安後來瘋了，失口說出周璇不是親妹妹，要不然她一直蒙在鼓裏呢。

　　在周家，還未有周璇的名字，家裏人喚她小紅。周文鼎另有大婦，與側室葉氏不和，不久周家敗落，因為大婦的約束，周文鼎逐漸斷絕供給葉氏和小紅的生計。葉氏辛苦操持，艱難度日，8歲時小紅進小學讀書。養父周文鼎滿身惡習，敗光家底，葉氏被迫去幫傭，養父還不善罷，畢竟小紅是領養來的，竟狠心要把她賣到娼門，還好葉氏不忍，才免去一場大悲劇。

1935年的周璇（《影壇》）

周小紅自幼愛聽人唱歌，跟著哼兩三遍就能上口，在學校，唱歌成績總是第一名。因家境困難，她讀完初小就輟學了。經章錦文（時任明月社鋼琴師）介紹，13歲時小紅加入明月歌舞團，住進了歌舞團宿舍。起初小紅連普通話都不會講，更不要論識譜彈琴，她跟著「嚴先生」（嚴華）學說普通話，一點點區分四聲和平翹舌音，而且趁別人不練琴的時候，見縫插針地坐到鋼琴邊。

　　知道機會來之不易，小紅勤奮刻苦，進步飛快，她與同伴們登臺演出，展開了歌唱事業。「幾年來的枯燥乏味漸漸在我眼前泯滅。我開始感到心靈上有點滋潤了，周圍充滿著藝術氣氛，同事之間團結和諧，無拘無束。雖然我所得的報酬微不足道，但我熱愛這樣的生活，心裏總是甜滋滋的。」（周璇〈我的所以出走〉）在周璇波折叢生的一輩子，可能唯有這一段生活最是平靜從容，這時她能稍稍拋開生活的窘迫，尚未背上名聲的桎梏與超負荷的工作，也沒有陷進感情的無邊漩渦。

　　1932年，明月社演出歌舞劇《特別快車》，小紅臨時頂替紅歌星白虹小姐演出，初試啼聲受到歡迎，她演唱的〈特別快車〉被灌成唱片。

　　在抗日歌舞劇《野玫瑰》中，周小紅演唱〈民族之光〉，其中有一句「與敵人周旋在沙場之上」，民族愛國激情和小紅的美妙歌喉融合一起，每當唱到這句，台下掌聲不斷。《野玫瑰》演出大獲成功，明月社團長黎錦暉對小紅笑說，「與敵人周旋在沙場之上」中的周旋二字，你改作名字很好啊，也是對你唱紅這首歌的紀念。後來「旋」字加上王字旁，就成為了大名鼎鼎的「周璇」。

　　好景不長，周璇嘻嘻哈哈的生活才過一年，明月社突然解散，周璇又失去生活保障惴惴不安，她先後參加了新月歌舞社和新華歌劇社。新華歌劇社主要由嚴華張羅，他們在金城大戲院登臺表演歌舞劇，還常去「跑電臺」，「新華」擁有周璇、嚴華等眾唱將，成了電臺播唱歌曲的權威陣容。周璇每天要上好幾家電臺，聽眾越來越多，「跑電臺」很辛苦，但收入不錯。

　　「1934年，那時候歌唱在無線電裏，占著十分之六的地位，無論在商店門前或住宅裏、收音機裏所播的，完全是歌唱節目；街頭巷尾所聽到的，也是清脆少女的歌聲；這真可以説是歌唱節目在電臺播唱的全盛時代。」（〈當選三大歌星之周璇〉，載1941年7月《青青電影日報》）

　　《大晚報》於1934年選舉「三大歌星」，冠軍得主是紅歌星白虹，周璇列亞軍，本來她僅在播音界出名，這一次當選三大歌星，紅遍滬上。「金嗓子」的曼妙歌喉引來唱片公司垂青，享有盛名的百代、勝利公司開始為周璇灌錄唱片。

　　周璇的演唱有種獨特的纏綿韻味。聽周璇唱歌，好像她湊近你耳邊婉轉呢喃。如説話一般唱歌是周璇獨創的，後來臺灣歌手鄧麗君借鑒了這種低喃如訴的唱法。周璇巧妙利用話筒，不像其他人拉開嗓子大聲唱，而是講究字正腔圓娓娓動聽，她演唱的〈四季歌〉、〈天涯歌女〉、〈特別快車〉、〈五月的風〉等都成為經典名曲。

永不褪色的《馬路天使》

　　唱歌出了名，電影公司逐香而來。廣播歌星周璇與藝華公司訂了合同，不過在「藝華」，女演員方面很大程度上仰仗袁美雲，周璇只能在《花燭之夜》等片中跑龍套，簡直和臨時演員差不多，演的盡是些只一兩句話的小丫頭小女傭，演員表上都找不到名字。1937年，明星公司的袁牧之正在為自己編導的《馬路天使》尋找演員，周璇的哥哥周履安（養父所生）曾演過話劇，在明星公司拍過電影，與袁牧之相識。袁牧之想到曾有過歌女生涯的周璇，年齡與氣質都和片中身世貧苦的歌女十分吻合，他也不管周璇根本沒什麼讓人信服的影片，就認為她能勝任，大膽地要用她做主演，旁人看來簡直是冒險。透過公私關係，袁牧之向「藝華」老闆嚴春堂「借」周璇，「藝華」則商借「明星」的白楊演《神秘之花》，當下達成協定，兩相交換，這才有了銀幕上無比動人的小紅。今天我們難以想像，如果不是周璇，這一部《馬路天使》還會不會成為經典。

　　「記得第一天周璇到咱們攝製組來的時候，穿的是一件淡藍色的『陰丹士林布』的旗袍，平地帶襻的黑皮鞋，剪得短短的頭髮，既不像個女學生，更沒有演員和明星的風度、氣味。而當導演袁牧之引著她向我們作介紹時，她低著頭，不敢用眼睛正視咱們幾個所謂『大明星』的臉，只向各位深深地一鞠躬。當時，我看著她那羞澀、慌亂的神態與動作，簡直忍不住笑出聲來……當然，我們都能體味得到她的內心的喜悅與緊張的情緒，我們誰也不會輕視她，而是深深地喜歡上這個極其不顯眼的天真無邪的小丫頭。」（趙丹〈周璇：天真無邪的小

丫頭〉，載2005年8月文匯出版社《地獄之
門》）

　　導演講戲的時候，周璇總縮在角
落，眨巴眨巴大眼睛，全神貫注的新奇
樣子像五六歲的小囡聽大人講故事，隨
著劇情一會笑一會難過，發現有人注意
她，她又馬上裝出一副大人似的嚴肅表
情。當導演講完，徵求各位演職員的
意見，大家各抒己見，最後問到周璇，
「只見她的臉漲得紅紅的，一語不發，
把頭深深地埋下去，埋到幾乎碰著膝
蓋。然後，她驀地站起來，一溜煙地溜
出去了——恰像賴學的頑童似地，再也
不肯照面了。無論誰去找她、喚她，也
喚不回來啦！」（趙丹〈周璇：天真無邪
的小丫頭〉）

1936年的周璇（《時代電影》
2卷11期，1936年12月25日）

　　周璇演《馬路天使》時才十六歲，
就是這樣一個會躲在佈景片後面和別的
孩子打玻璃彈子認真決勝負的小丫頭，
演活了歌女小紅。趙丹在攝影機旁邊看
她表演都看懵了，在他眼中稚氣十足的
周璇，對於導演要求，馬上就能恰如其
分地演出來，很少重拍，也不需過多排

1938年的周璇

練，演得神了！片中周璇和趙丹有一場接吻戲，初出茅廬的周璇遇到前所未有的挑戰，她要求清場，才尷尬地演下來。

《馬路天使》是周璇剛剛踏上影壇的作品，卻是她一生所拍40多部影片中最光彩照人的一部。1945年抗戰勝利，結束新疆監獄生活的趙丹與周璇重逢上海，趙丹問周璇這些年拍了些什麼片子，周璇說，沒有一部喜歡的片子，我的一生中只有一部《馬路天使》。片中歌女和以前的周璇有同樣的名字「小紅」，或許她真把自己當成了主人公，表演才會如此清新不著痕跡，演員與角色天衣無縫地融為一人，觀眾亦難以區分，深深沉浸在劇情和人物悲喜中。

兩首插曲〈四季歌〉和〈天涯歌女〉，也許比電影本身更有生命力，有些觀眾說不全電影的情節和角色，但這兩首歌都能哼上幾句。時間沒有銷蝕這歌聲的魅力，它們反而像酒一樣越久越醇。〈四季歌〉和〈天涯歌女〉取材自兩支流行的蘇州民間小調，導演袁牧之

請田漢重新填詞，賀綠汀編曲。田漢保留了〈天涯歌女〉中的「郎呀」，正是反映小曲原為妓女所唱，不過當小紅對著隔窗的吹鼓手款款唱來，妥貼自然，愛意彌漫。小紅是在茶樓酒肆賣唱的歌女，這兩首歌由她口中唱出也吻合角色身份。田漢的填詞將這兩首歌的格調改頭換面，唱出故土淪亡的家仇國恨。比如〈天涯歌女〉有「家山呀北望淚呀淚沾襟」，〈四季歌〉中有「血肉築出長城長」等句。

《馬路天使》於1937年7月出品，緊接著「八一三」淞滬抗戰爆發，上海的「孤島」和「淪陷」時期，周璇相繼在「國華」、「國泰」和「中聯」演了二十來部電影。導演張石川發現周璇的「開麥拉費司」（銀幕面孔）很適合古裝美人的扮相。「周璇既沒有亭亭玉立的身材，也沒有國色天香的容貌：茶褐色的容顏，配上一雙單眼皮，可以說是其貌不揚。好在她五官端正、輪廓好，行話說『上鏡頭』，經過化妝師宋小江的巧手為她畫上雙眼皮，略施粉黛，拍起鏡頭來就楚楚動人。」（舒適〈一點希望〉，載2002年《我的媽媽周璇》）張石川讓周璇接連主演了《李三娘》、《董小宛》、《三笑》等幾部古裝片，並充分利用「金嗓子」，每一部電影都插上周璇唱的幾支歌，於是出現一種「古裝歌唱片」，經過精心包裝，在競爭白熱化的古裝片市場，果然把周璇捧紅了。

自從踏入電影圈，「每片必歌」幾乎成了周璇的傳統，她留下眾多膾炙人口流傳甚廣的電影歌曲，廣告歌舞片《三星伴月》的插曲〈三星伴月〉和〈何日君再來〉等「銀色之歌」都是非常熱門的流行歌曲。李翰祥回憶說，「在北平讀三中的時候，一曲《西廂記》的

〈烤紅〉，幾乎連蹬三輪兒和拉洋車的都會唱了」（載李翰祥《三十年細說從頭》，香港天地圖書有限公司1983年10月出版）。

覓不到的知音

　　從孤苦無依的歌女到名震四方的大明星，周璇沒有辜負自己的刻苦努力，事業節節攀高。然而，她的一生中到底有多少真正快樂的日子，又有多少夜晚被噩夢縛住，自怨自艾，最終陷入無邊的陰霾迷失了自我。一絲絲抽去周璇生命力的精神疾病與她長年鬱鬱寡歡有著直接聯繫，她自小是孤女，渴望有完整溫情的家庭大概比旁人都要強烈，但是這個願望卻如此之難，她在感情上一再受到挫傷，每一刀都在她瘦小的身軀和心靈劃下厲痕。

　　周璇、嚴華的婚變是四十年代電影界的頭條新聞。嚴華是南京人，從小生長在北平，兄弟姐妹眾多，15歲與17歲時分別失去父母，原先在天津一家儲蓄會裏做小職員，1932年結識了帶領明月社赴津演出的黎錦暉，因愛好音樂，辭去工作隨明月社一同南下。擅長唱歌和作曲的嚴華在明月社與周璇相識，互相扶持度過了一段艱難的生活。明月社解散，嚴華自組歌劇社，帶著周璇登臺演出，還去電臺唱歌。周璇能立足歌舞界並成為享譽滬上的「金嗓子」，嚴華對她的訓練調教功不可沒，多年共患難，亦師生亦手足的兩人日益轉為男女之愛。

　　1938年7月10日，從南洋巡演歸來的嚴華和周璇在北平的西長安街春園飯店舉行婚禮，正式結為夫婦。他們在北平度過四個月的新婚生活，嚴華寫了許多歌，周璇站在身旁一遍一遍地試唱，夫婦之樂盡

在其中。他們也曾立下誓言，海枯石爛
永不分離。他們就像〈天涯歌女〉中所
唱「患難之交恩愛深」，卻不能「咱們
倆是一條心」，「穿在一起不離分」。

　　從北平重返上海，周璇加入國華
影業公司，夫妻二人的月薪（包括嚴華
作曲收入）為450元。周璇在「國華」
的第一部影片《孟姜女》十分賣座，
一年後周璇與公司重訂合同，每年規定
拍4部戲，每部戲的報酬2000多元。另
外，周璇與嚴華在百代、勝利、蓓開等
唱片公司灌過大量唱片，版稅豐厚。零
零總總加起來，是一筆非常可觀的收
入，夫婦倆搬進了姚主教路國泰新村的
新家。可是，不但新生活沒有隨之降
臨，相反，這個家庭開始有了縫隙，而
且越來越難以彌補。

周璇與嚴華合影（1940年）

　　「金嗓子」的一舉一動都牽動人
們的目光，訂婚、結婚、與嚴華的共同
生活，一直是媒體注目的焦點。不幸的
是，這種關心看似熱鬧，卻暗藏危機，
一丁點摩擦經媒體放大，在夫妻間容易
演變成新的矛盾。周璇因拍戲的緣故和

男演員韓非、舒適常在一起，每天面對報章上過分熱心的緋聞報導，嚴華的盛怒不禁爆發，裂痕在不斷吵鬧中越扯越大，加上周圍用心不良之人的挑撥離間，「佳偶」也難逃分崩離析的厄運。

周璇離家出走，至一秘密之所，與外界隔絕了一段時日，好事者的猜測，流言，更為肆意。1941年6月2日，周璇在《申報》和《新聞報》發表啟事以作澄清。國華公司的老闆，同時是周璇過房爺的柳中浩，也牽涉其中，周璇對柳中浩處處維護，而對嚴華滿腹怨恨惡言相向。

「惟間有少數未明真相，猶砰砰以忘恩負義責璇，又有牽涉國華公司及義父柳中浩者，其詞騰於報章，傳諸電波，遂使是非顛倒，益增璇之苦痛……當璇離家以後，嚴君絕不以璇之隱痛為念，遽誣璇以鶼奔之行，惡意宣傳，曰捲曰逃。璇非婢妾，何能堪此侮辱？嚴君明知銀行存款為璇之私蓄，而竟意圖攫為己有……嚴君重視床頭之金十百倍於床頭之人，其心已昭然若揭。以九年相處之情，不敵區區二存摺，璇之痛心何如耶！」（載1941年6月2日《申報》和《新聞報》）

周璇更將與嚴華的九年情分全盤否定，深悔當初「惑其甘言，不辨清偽」，歷數婚後種種齟齬，這個時候，再小的摩擦在周璇心中都放大數倍，何況她所控訴的嚴君「公然辱罵」、「時加凌虐」等暴行。周璇並透露自己自殺未遂，行文聲淚俱下。一對曾惹人豔羨的同林鳥，不僅成為分飛燕，甚至走到反目成仇的局面，旁觀者都傷感唏噓。1941兩人年離婚，為「孤島」上海的特大新聞。相形之下，嚴華並無咄咄逼人，倒是更為無奈，他說，「平心而論，我從來沒有對她苛刻過」。對於所受指責，他激動起來，「我可以用一種迷信的說

法：『上有天，下有地，當中是我的良
心，我不但沒有虐待過她，相反地待她
太好了！平時愛護她的身體，顧全她的
名譽和地位，調劑她的生活，可以説是
無微不至。」（嚴華《九年來的回憶》，
1941年）

今天已難以辨認離婚大戰中的真
話，謊話，氣話，真情，假意，用心。
就在離婚當年，嚴華寫下這樣一段：
「我至今還沒有恨過周璇，我想我是永
遠不會恨她的。我看得很清楚，坑害
周璇的不是別人，是這個不健全的社
會。」（嚴華《九年來的回憶》）他所説
「不健全的社會」，想必是指周璇身邊
覬覦這棵搖錢樹的居心叵測之徒。我們
或許可以天真地猜想，如果周璇不是大
歌星大影星，沒有盛名之累，也許將快
樂幸福許多！

此後很長時間，周璇未再輕言婚
姻，感情面目撲朔迷離。抗戰勝利後周
璇幾次赴港拍片，連朋友圈都對她和演
員石揮的戀愛拿捏不准。石揮活躍於電
影界和話劇界，演技尤其受到讚賞。這

1939年的周璇

對銀色之侶的默契與特殊的親密讓人猜測婚期將近，但好似總有什麼阻隔其間；而且一個在港，一個留滬，各自忙於拍片，疏於音訊聚少離多。

這時周璇身邊另有一個男人，如嗅香之蜂蝶，嗡嗡繞繞。

敵占期的上海，周璇正拍攝卜萬蒼導演的古裝大片《紅樓夢》，雖然演的是傷春悲秋的林妹妹，過去那種愁眉不展的神情卻被歡喜取代了。大家心裏都明白，周璇有了戀愛對象，那個人叫朱懷德。

「朱懷德所具備的是和善的狀貌，以及一套最受女性歡迎的『小開』功夫。周璇上樓下樓，他攙扶著她。周璇需要什麼，他很快就把她所需要的送到面前。周璇有所差遣，他奉命唯謹，一諾無辭。每逢拍戲的日子，或是午膳、或是晚餐，以至夜宵，他總變換著花樣，準時把食物送到，伺候她裹腹、充饑。」（屠光啟〈金嗓子周璇的血淚遺書〉，1975年發表）

接下去周璇與黃河主演《鳳凰于飛》，朱懷德無微不至的殷勤仍保持不衰。哄得芳心，周璇不設防地將財產交與朱懷德作「生財之道」，抗戰勝利舉國歡騰，周璇卻黯然消沉，朱懷德的投機生意將周璇的積蓄敗光。1946年起周璇在香港主演《長相思》、《莫負青春》、《花外流鶯》等多部影片，1948年在香港永華影業公司攝製的《清宮秘史》是其晚期最重要的影片，周璇飾演珍妃。這一次她對任何投資以及幣制都失去信任，把錢統統換成黃金，一趟趟帶回上海秘密封藏。

早前貧苦日子的烙印可能太深刻了，周璇素來保持勤儉習慣。她在香港拍戲，租一間單人房，簡陋的家居、節省的飲食，無不安之若

素。周璇打車的故事見諸幾位影人的回憶文字。「講過日子，周璇小姐不僅節省得很，差不多已經到了摳門兒的地步了；她每天坐計程車到侯王廟的片場拍戲，一定在嘉林邊道口下車，因為計程車開到那兒剛好是港幣一元，再開下去就跳字兒了；一跳就是兩毛，哪兒是跳字啊，簡直是挑心；為了節省兩毛錢，寧願多走二里路，你瞧瞧多刻薄自己。」（載李翰祥《三十年細說從頭》，香港天地圖書有限公司1983年10月出版）

就在周璇搏命賺錢積攢的時候，朱懷德尋到香港，高超的愛情騙術讓周璇再次難以招架，她向情郎道出藏金秘密。周璇懷了朱懷德的孩子，朱懷德有太太，不肯離婚，還懷疑孩子父親不是自己，接著就失蹤了。遭遇一連串打擊，懷孕無依的周璇回到上海，可苦果還未嘗盡，她發現藏在沙發中的黃金已被洗劫一空，賊手不言而喻。

屢為情傷，但建立美滿家庭，有丈夫和孩子的生活圖景，周璇總念念不忘。建國初她拍攝《和平鴿》，結識該片美工唐棣，就當兩人要準備結婚，唐棣兩度入獄，周璇又發病住院，周璇的小兒子就是和唐棣所生。

解不開的心結

她究竟因什麼苦惱，對什麼無法釋懷，始終放不下的是什麼，導致她一日日迷失自我的又是什麼？

1936年，周璇結識了一個叫呂玉堃的話劇演員，兩人長相有幾分相似，便認作乾姐弟，周璇將這個乾弟弟也帶進電影圈，有過好多

次銀幕合作。在接受崔永元《電影傳奇》採訪時，呂玉堃說，「周璇笑起來會感染你，非常活潑開朗，因為生活受壓，活潑天性受到了遏制，不容易暴露，只有在一個自由自在的環境中，才會釋放出本色心靈的一面。」（《電影傳奇‧天涯海角》）

舒適對周璇的印象，可作為對呂玉堃這段話的形象注解，「她是一個沉默寡言的人，任大家高談闊論，她卻不發一詞默默地聽著，有時實在忍俊不禁，就突然縱聲大笑。等大家目光集中到她時，她又面露赧顏，羞澀地低下頭去，似乎在責怪自己不該失態。」（舒適〈一點希望〉）

周璇在《憶江南》中

雖然不需要與「敵人周旋在沙場」，但是在電影圈這樣複雜渾濁的地方，與各色人物各種事件「周旋」，不免委曲求全。周璇原本陽光的天性，在寫滿不如意的人生中，轉變成了猶豫、瑟縮、憂傷的氣質。

除了錯失真愛，錢財被騙，身世謎團，周璇與嚴華新婚時孩子的流產也給她造成莫大創傷。周璇憑藉《馬路天使》一炮走紅，滬上電影界由於全面戰事而告停頓。時局混亂，演出場所和電臺也大多歇業，沒有演出就沒有收入，嚴華攜未婚妻周璇和一些歌舞團朋友踏上南洋征程。他們到香港、菲律賓等地巡迴獻演，在華人圈掀起熱潮，周璇唱過的歌很快在當地流傳開來。這是周璇第一次出遠門，熱帶明媚新奇的風光，與嚴華熱戀的欣喜與甜蜜，彷彿能消減旅途勞頓，這一段漂泊生活在周璇心裏，卻是蜜月之旅。待返滬，「金嗓子」成為眾所爭搶的搖錢樹。爵士社電臺邀請周璇播唱，與周璇簽訂兩年合同的國華公司堅決不允，柳老闆，即過房爺柳中浩，逼迫周璇辭掉爵士社之邀。抹不開「情面」的周璇，夾在兩家公司的「圍攻」當中左右為難，已有5個月身孕的她氣急攻心被送往醫院安胎。這時柳老闆突然來電話要她趕到電臺播唱後再安胎，周璇到電臺只唱了一首歌就昏倒，送醫急救，胎兒卻保不住了。自己是不知父母的孤女，更加深了周璇對孩子的依戀，流產是對她的重重一擊，身體和精神的雙重折磨。

租界當局不願得罪日本人，對電影嚴加審查，不許拍抗日影片。電影公司開始還拍些借古諷今的古裝片，但日漸趨於下流與氾濫，一些著名題材頻頻引發「雙包案」，各公司為搶先上映，比賽攝製進度，質量就很難保證了。這一時期周璇主演了《孟姜女》、《李三

娘》、《蘇三豔史》、《董小宛》等大量古裝片。除了晝夜不分地趕戲，她還要去錄音棚錄製電影插曲，每天連軸轉，健康每況愈下。最離譜的是拍《三笑》，周璇所在國華公司為和藝華公司爭搶同名影片上映先機，不眠不休，7天拍完，每個人都疲倦得像鬼一樣。

積勞成疾，給不堪困擾的周璇雪上加霜，乃至精神出現疾症，經醫治與靜養，病情剛有好轉，可是一上片場又前功盡棄。

1950年拍攝《和平鴿》時，周璇舊疾復發，不得不住進醫院，剩下的鏡頭只能由替身完成。從1951年8月精神錯亂到1957年9月病故，周璇的病情時好時壞。據照料她的醫生護士回憶，周璇常獨自低哼，「人皆有母，唯我獨無！」她也曾不止一次說過，「我沒有溫暖的家庭，不開心。」藥物，醫生，似乎都不是醫治心病的良方。

黃宗英、上官雲珠、吳茵等影圈中老朋友有時帶上好吃的東西來看望周璇，她總是欣喜若狂。趙丹妻子黃宗英代為撫養的周璇長子周民，當時由生父唐棣撫養的周璇次子周偉，有時也能到醫院與周璇團聚，帶給她安慰。醫院還播放周璇演唱的歌曲作為心理治療。總是將周璇關在精神病院不利治療，醫護人員陪她上街吃點心、購物、燙髮，有幾次被人發現引起圍觀，周璇獲特殊優待，此後配車輛供她外出及訪友。周璇住在上海西郊的精神病療養院，上級領導特別批示，對周璇的病要重點治療，這是一項政治任務，因為周璇在東南亞一帶享有盛譽，那時有些流言蜚語造謠中傷，如果能治癒周璇，甚至她能再拍一部影片，哪怕是短片，也是對別有用心之人的有力還擊。

1957年，一支攝製組和周璇的朋友們來到上海市精神病療養院，給周璇拍了一部記錄片。片中明媚的陽光下，周璇在翻看畫報，一會

兒護士陪她打羽毛球；賓朋滿座的客廳裏，周璇與朋友們聊天，或許因為對著攝影機，她的表情不很自然，朋友叫小璇子唱個歌，她唱起〈天涯歌女〉，坐在身邊的趙丹握住周璇的手。「天涯呀海角，覓呀覓知音……」

就在拍攝後三個月，37歲的周璇突發高熱，神志不清，診斷為腦炎，含恨走到生命的終點。近三十年後，1986年11月9日，上海《文匯報》刊登一則新聞，周璇次子周偉狀告黃宗英和周璇長子周民侵吞周璇遺產。在周璇的人生謎團出生和婚戀之外，遺產之謎又成為公眾話題，接著，連周璇的死因（醫院稱死於腦炎），以及她被送進精神病院的原委都遭到質疑。生前紛紛擾擾，身後仍風波迭起。周璇什麼時候能獲得安靜呢？

李麗華

「三笑」傾城的小咪

四十年代的上海，只要一提起小咪，那是無人不知。小咪本是李麗華在家的小名，自從主演《三笑》，「小咪」在攝影場、在報紙雜誌、在觀眾中叫響了。從影將近40年，拍攝約120部影片，在上海、香港，臺灣、美國都留下了小咪的銀色足跡。

起步菊壇

李麗華原籍河北，因為父母在上海獻藝，所以出生在上海，1924出生，屬鼠，家裏一共六個兄弟姐妹，李麗華排行第五。這是北平伶人之家，父親李桂芳和母親張少泉都是菊壇名優。李麗華生下來時才七個月不到，給保暖箱護著，哭起來像貓一樣，家裏人叫她小咪，在爸媽口中喊慣的小名，以後帶進了電影圈，成為一個熱意親切的稱號。快到入學，六歲時她才有了學名，李麗華。

小時候不曾回過北平老家，李麗華一直生活在上海，說得一口流利的上海話。她在法租界霞飛路附近的一所教會小學讀書；嬉戲，玩耍，藏了書包去看打架的童年。小學畢業，她在外灘叫「聖母院」的一所法國學校上初中，不過讀完初二就輟學了。身為京劇名伶的父母卻不希望鍾愛的「小咪」走同樣的道路，叮囑她好好讀書。大人的心願未必都與子女合拍，李麗華對讀書興趣索然，父母打她也不管用，家裏沒有辦法，也只好讓她學戲了。

李麗華拜名伶章遏雲為師，隨老師到北平學京劇，這一年剛滿十二歲。1937年，盧溝橋事變爆發，烽火硝煙中，李麗華和全家逃到天津暫避，可天津也直接暴露在日軍礮炮之下，熬過混亂的局勢，一

家人重返上海。

　　雖然沒能像父母一樣成為角兒，從
影以後，李麗華也很少登臺，這一段學
戲的日子，似乎隨時光流水淹沒了。可
是如果略去學戲的經歷，如果不在這樣
的家庭長大，她大概不會是後來我們所
見的「電影明星小咪」。

　　李麗華因主演《三笑》迅速走紅，
被稱為「閃電明星」，她是憑什麼一下
抓住了觀眾的趣味喜好？女明星們一個
個都巧笑嫣然顧盼生輝，李麗華的笑，
李麗華的美，有何不同之處？正是她身
上流淌著的伶人的血液，她所受的伶人
家庭的薰陶和教育，於她姣好的相貌、
玲瓏的身段、機敏的應變之外，為她塗
抹了些許獨特的氣質。

1940年的李麗華

　　舊時名伶之家，出入往來的除了
有同行，有弦師，自然少不了闊少，遺
老，達官，商賈等等社會上各業各色之
人。從小在這樣的環境裏，李麗華習慣
而且熟記了一般伶人的生活哲學和生活
方式，學會待人接物的機警和謙虛。在
舞臺上，水袖翻翻，眼波流轉，做戲講

究用情之真，而京劇又講究某種誇張，對於這分寸的細微拿捏，李麗華也要鑽研練習。這一切，賦予她以技藝、以閱歷、以氣質，以一種美。

「她的臉，眼睛，身段，動作和聲音，代表了北京少女的美，尤其是代表了所有青年女伶以至說鼓書唱雜耍等一切以演藝為生活的少女的美，甚至還包括著妓女的美，她的外在的和內在的形態，構成她代表了這一類女人的型。她可以說是此中的精華，此中的佼佼者。她代表了這些人的長處，這長處也正是她的弱點，所謂弱點，乃是指她的誇大，撒嬌，做態等等雖然美，然而不免流於卑俗化的表現樣式而言。」
（柳如是〈李麗華論〉，載1943年6月1日《電影畫報》第七卷第六期）

這位敏感而犀利的作者接著分析道：「一個女伶人或是伶人的女兒，基於她們的經濟狀況和意識形態，過的是一種介乎姨太太闊小姐與貧家婦女之間的生活，在闊綽之中透著寒酸，在簡素之中含有誇示。所以這些人的外表，不是闊小姐，不是女學生，不是舞女，不是娼妓；卻又部分地既像闊小姐，也像女學生，也像舞女也像娼妓。這種享樂的，浮華的，而又含有一些傷感意味的姿態，給人的印象是近於一點下流的妖豔和可親的羅曼蒂克的成份。」（柳如是〈李麗華論〉）

——這就是小咪獨有的味道。

閃電明星

十五歲的李麗華一日到姐夫姚一本家吃飯，遇到藝華電影公司老闆嚴春堂。嚴春堂憑著老道的經驗，很看好青春可人又活潑靈氣的李麗華，請她來公司拍電影。

拍電影比唱戲好嗎？站在臺上唱戲多美啊，拍電影能比得上？李麗華心中犯起嘀咕。她對電影還不熟悉，平時很少有機會上電影院，在天津時看過《木蘭從軍》，說好看得不得了。電影明星的夢，總不免在少女的心頭暗自預演一番，李麗華答應去試試，「藝華」方面對她很滿意，經過姐夫與「藝華」的談判，李麗華與公司訂了合同——她有沒有料到，由此開啟的銀色事業，將為她今後大半輩子都塗上光芒與榮耀。

李麗華馬上就開工了，轉換為電影人的角色，第一部片子就擔任主演，是由李萍倩導演的《英烈傳》。「說起來，真好笑，在我第一次接到《英烈傳》的拍戲通知，簡直就一夜沒有睡過，老是擔心著，把送來的對白念著爛熟，第二天趕著上公司，第一個鏡頭拍的是射箭，正式開拍，四面的燈光照得我目眩眼花，導演喊了『開麥拉』，一時心慌，箭頭錯了方向，直向李導演身上射去，嚇得李導演連忙喊『卡脫』，結果，因為用力過度，把弓亦拉斷了。」（〈李麗華自述從影五年來〉，載1943年10月《電影情報特刊·影劇女藝人群像》）

《英烈傳》拍到一半，藝華開拍《三笑》，《英烈傳》只好暫時擱淺，李麗華全身心投入《三笑》的拍攝。這將是一場戰役，電影圈的商戰，對於吃攝影飯的人來說，打這樣一仗，簡直是一場噩夢。

「三笑」是流傳甚廣的民間故事，唐伯虎點秋香，婦孺皆知。1940年，民間故事影片氾濫成災的一年，戰後上海恢復製片時，《貂蟬》、《木蘭從軍》等幾部優秀歷史影片在票房市場呼風喚雨，評論界也一直稱好，由此引發各大小公司競相拍攝古裝片的熱潮，可惜的是，在嚴格檢查體制下儘量或曲折地寓意抗日的道德追求日漸式微，

1943年的李麗華

電影淪為純粹的逐利工具。隨之還產生了民間故事片鬧「雙包案」的怪現象，只要有利可圖，幾家電影公司不管先來後到，爭搶同一題材，常常互不相讓，為了占得上映先機，搶拍風潮驟起。《三笑》，同樣的名字，同樣的故事，國華電影公司和藝華電影公司都列入了拍攝計畫。「國華」的秋香，由金嗓子周璇出演，「藝華」的秋香，是期望能夠「三笑傾城」的新人李麗華。至於唐伯虎，「國華」的唐伯虎原打算由呂玉堃扮演，因擬將《三笑》拍成歌唱片而呂玉堃不善歌唱，於是換上了從香港來的小生白雲。「藝華」的唐伯虎，由嚴化出演，較相貌風流的白雲略遜一籌。

「國華」要趕在一周內完成《三笑》，每天工作時間20小時以上，幾乎是夜以繼日地拍攝，整個攝製組都被拖垮了。「藝華」毫不示弱，全體工作人員開足馬力。「藝華」的《三笑》捷足先登，一周後，「國華」的《三笑》隨即上映。兩家公司都展開了鋪天蓋地的宣傳，結果兩部《三笑》平分秋色，

票房相當，兩家公司可謂皆大歡喜。

兩位秋香各有所長，周璇是享譽已久的金嗓子，每片必歌，她的歌聲為影片增色不少，保證了票房。而李麗華初出茅廬，是個無名小輩，怎樣才能讓大家儘快認識她，對她產生興趣，對她著迷呢？藝華公司除了推出一些常規策略的宣傳，如影片開映時李麗華將登臺演唱，分贈送李麗華相片等，另外，「藝華」另闢蹊徑，挖空心思想了一個絕招。

報紙和電影雜誌上，出現了這樣一條新聞，「藝華」電影《三笑》的女主演李麗華，看馬戲表演遺失罕見鑽戒！李麗華急欲尋回鑽戒！一條莫須有的報導，掀起滿城風雨，漂亮輕佻的女演員，讓人遐想的美鑽戒，偵探小說一般的情節，一樣樣都是商業片的因素，披上了新聞真實感的外衣，吊足胃口。李麗華的名字果然不脛而走。《三笑》上映，觀眾紛紛上電影院去看傳說多日的新聞女主角，李麗華一戰揚名，《三笑》馬上趁熱推出續集，接著她還拍攝了《啼笑因緣》、《千里送京娘》、《新茶花女》、《魂斷藍橋》、《隱身女俠》、《玫瑰飄零》等影片。李麗華很快成為1940年滬上最耀眼的新人，成名之迅速，有人謂之「閃電明星」。

《秋海棠》是目前還能看到的李麗華在上海拍攝的影片。秦瘦鷗創作的《秋海棠》1941在《申報》副刊上連載，影響廣泛，改編過舞臺劇。在影片中，李麗華的戲份很吃重，一人分飾羅湘綺和梅寶母女兩人，秋海棠則由呂玉堃扮演。《秋海棠》攝於1942年，李麗華從影的第三年，此時她雖已拍了十多部電影，但戲曲腔仍比較明顯，特別是表達羅湘綺的激烈感情如悲憤如愛戀如離別，動作和表情都還單一

1944年的李麗華

稚嫩。倒是演出梅寶更為自然，可能因為梅寶和李麗華的年齡更為接近，梅寶的情感深度和性格複雜度也及不上羅湘綺，角色內容更為簡單直接，李麗華更容易把握，她表現少女的神態語氣，也更本色，更貼合。儘管表演尚有欠缺，但李麗華的形象很占優，身材挺拔有致，臉型立體分明，高挑的黛眉，靈動的大眼，側面看，有點像陳雲裳。

陳雲裳在1943年8月嫁給醫學博士湯於翰，毅然息影。而李麗華在上海的拍片歷史橫跨「孤島」、淪陷、抗戰勝利以後，她是這一時期上海最紅最繁忙的女星。

屹立四十年

1946年李麗華一度停止拍片。抗戰期間上海失守，李麗華在日本佔領軍控制的電影製作機構「中聯」和「華影」拍攝過多部影片，抗戰勝利，清算附逆影人的浪潮迭起，李麗華以「附敵」嫌疑被偵訊，不過後來也不了了

之。1947年，黃佐臨邀她復出，李麗華與石揮主演《假鳳虛凰》，出品公司是以攝片精神嚴肅和注重藝術趣味聞名的文華影業公司，影片由桑弧編劇、黃佐臨導演。這是一齣圍繞小人物遭遇的喜劇，辛辣地諷刺了當時上海灘上爾虞我詐的風氣。一個公司總經理投機失敗之際，偶然看到一則華僑富商女兒的徵婚廣告，他便要常給他理髮的理髮師楊小毛代自己去應徵，冀得鉅資挽救破產。所謂富商之女，其實是一個帶著孩子的寡婦，生活拮据又貪慕享受，想靠徵婚物色一個才貌雙全的郎君。就在結婚當天早晨，騙局被一一戳穿，最後小人物們都撕下紳士淑女的面具，回歸真實生活。

《假鳳虛凰》的情節結構巧妙，對白風趣雋永，表現小市民生活尤其生動，有「話劇皇帝」之譽的石揮，將理髮師楊小毛演得活靈活現，在喜劇的誇張效果和人物的真實感之間精準地把握了分寸。假扮富翁女兒的寡婦，由李麗華演來也神采飛揚。

石揮扮演的理髮師楊小毛常用手在頭上揩油，求婚不成便拿出剃刀，嚷嚷著要自殺，不時冒出一兩句蘇北話強調的口頭禪。這個角色招致理髮業的不滿，甚至蘇北的揚州同鄉會也表示憤慨。1947年7月11日，《假鳳虛凰》在上海大光明大戲院試映，更引發一場軒然大波。上海理髮業工會認為該片有侮辱理髮師之嫌，數百名會員在「大光明」門前舉行抗議活動，把手持請柬的觀眾都攔在門外。這股浪潮還波及到外地，如嘉興、廣州等城市，迫於壓力，文華公司對影片作了修改，並加上字幕，說明影片「歌頌勞工神聖」的主旨，風波才告平息。風波一經媒體報導，影響更為廣泛，鬧事的理髮匠，沒想到為影片大作義務廣告，無形中演變為一次熱鬧的免費宣傳。觀眾對這部

李麗華與她的愛女（1948年）

喜劇片更加翹首以盼，上映時場場爆滿，觀眾人次和拷貝數量居一時之冠。1948年春天，文華公司將《假鳳虛凰》譯製成英語拷貝，運往美國放映。《假鳳虛凰》是李麗華漫長銀色生涯中又一個里程碑。

1948年，香港永華公司老闆李祖永邀請李麗華、周璇、白楊、劉瓊等一批上海的影星到香港拍戲，一時間，上海影人在香港影壇大批湧現。香港一向是粵語片的陣地，國語片產量和影響都很微小，永華公司出品的國語片，也是慢慢突破粵語片的包圍。一開始，這些國語片只能在油麻地、北河一些陳舊的戲院放映，經過市場打拼，國語片漸漸能與粵語片分庭抗禮，國語片在香港揚眉吐氣，這還是頭一回。見到國語片在香港的發展勢頭不錯，李麗華便留在香港，為永華、南國、長城、邵氏等多家公司拍攝了八九十部影片。直到1978年，在今日影片公司出品的《新紅樓夢》中，還能見到李麗華的身影。

五十年代，李麗華還有過進軍好萊塢的壯舉，開風氣之先。1958年她在美國主演《飛虎嬌娃》（China Doll），該片導演弗蘭克・鮑才奇（Frank Borzage）曾因執導《七重天》（Seventh Heaven）（1927年）獲奧斯卡最佳導演殊榮。從美國返港不久，李麗華與嚴俊結婚，嚴俊是李麗華在香港合作最多的導演，另外一位鐵桿搭檔是李翰祥。嚴俊原名嚴宗琦，早年就讀北平輔仁大學法律系和上海大夏大學經濟系，但他對銀幕很有興趣，堂叔就是曾與周璇結為夫妻的嚴華。1938年嚴俊在上海當起了演員，1953年以後任導演，從上海到香港，他與李麗華共事多年。李麗華在上海時有過一段婚姻，1944年她在上海與富商家的公子張緒譜訂婚，1946年兩人在青島結婚，婚禮設於當時的「國際俱樂部」，青島影迷聞訊而至，擠滿了大院，張、李婚後住在青島，生有一女。1948年李麗華遷居香港，與張緒譜離婚。

李麗華和嚴俊在《凌波仙子》中

近四十年的銀幕生涯，李麗華憑藉《故都春夢》（又名《新啼笑因緣》）和《揚子江風雲》分別獲得第三屆和第七屆臺灣電影金馬獎最佳女主角，並在1993年獲金馬獎紀念獎。

李麗華參演的影片今天已難以統計（估計前後共拍攝120部），五十年代以前的作品幾乎散佚殆盡，只有若干孤本、殘本存於北京、臺北、巴黎等少數幾個電影資料館，五六十年代以後的作品，大部份出自邵氏，塵封已久未知保存狀態如何，所以觀眾對這位曾經輝煌的影壇常青樹瞭解不多甚至感到很隔膜。六十年代李麗華移居臺灣，退休息影以後她定居紐約，1980年曾由美國返大陸探望親友，此後又定居新加坡。影事更迭，年華飛逝，嚴俊於1980年病故，在人生夕陽之境，李麗華又找到一位伴侶，是一直仰慕小咪的一位老影迷。

王丹鳳

美人向暖　丹鳳朝陽

王丹鳳祖籍寧波，1925年8月23日出生於上海。她十六歲初上銀幕，很快便以其青春靚麗的形象攻佔了影迷的內心，從此屹立影壇數十載。她一路走來的人生，雖不是濃墨重彩，也可說五色斑斕，雖不見波瀾壯闊，也曾經風雨飄搖，然她總是以一種溫和的態度化解了世事紛擾，在生命的底色中保留著明快的調子。她人如其名，是朝陽的丹鳳，她心如其貌，似和煦的春風。

「孤島」影壇一新星

　　第一次來到攝影場之前，十六歲的王玉鳳還只是個普普通通的中學生，和她在愛國女校的同學們一樣，因為「八一三」的炮火而休學在家，那時他們全家為躲避戰亂，已從先前居住的華界逃上了租界，擠在一幢鴿子籠似的房子裏。然而就是那次偶然的機會，為她打開了另一扇命運之門，改變了她的一生。

　　那是1940年末的某一天，她在鄰居——合眾影片公司演員舒麗娟的介紹下來到丁香花園的攝影場參觀，恬靜美麗的玉鳳甫一出現即引起了導演朱石麟的注意。她清楚記得剛一見面，朱導演就向她的同伴讚美說：「你瞧她的眼睛，好像是含怨待訴似的，你瞧她的輪廓，多麼夠得上開麥拉的條件……」還沒等害羞的紅暈從玉鳳的臉上褪去，朱導演就又問了個令她措手不及的問題：「你可想上銀幕？」（王丹鳳：〈我〉，載《大上海週刊》第四期，1943年9月5日）

　　上銀幕，那正是玉鳳一直夢想著卻又簡直不敢奢望成真的事啊！從小她就是個十足的影迷，每逢有新的影片上映，她都會和姐姐一同

去觀摩，看完電影回到家裏，又總要和姐姐研究討論一番，有時還模仿著劇中人來表演，鬧出過許多笑料。她羨慕著銀幕上的女明星，更是像很多女孩子一樣，珍藏著胡蝶、周璇、袁美雲等偶像的照片。休學之後，她徘徊在人生的路口，想出去做事，卻接二連三地失望，苦於找不到理想的工作，然而幸運女神竟然在這個時候眷顧了她，怎能不叫她驚喜交加？是幸運，也不全是幸運，正值花季的王玉鳳，一張小小的鵝蛋臉，玲瓏剔透的五官，純淨清澈的眼神，三分嫵媚，五分端莊，八分秀麗，十分俊俏，那正是一眾導演夢寐以求的camera face。更重要的是，她還非常年輕，像一塊未經雕琢的璞玉，蘊藏著無限的可能。

　　「當我第一天踏進攝影場的時候，我疑心我在做夢，我把我的手指放到嘴裏咬一咬，覺得有點痛，這並不是在做夢，完全實在的情形，我真的在拍電影，演戲……」（葉青：〈訪：幸運之星王丹鳳〉，載《上海影壇》第二卷第六期1945年6月）玉鳳第一次上鏡頭，是在朱石麟導演的《龍潭虎穴》一片中飾演一個小丫頭，雖然只是個帶有試鏡頭性質的小角色，卻關乎著她能不能留在電影界發展的前途。對於演戲，她並沒有實際的經驗，這從無到有慢慢摸索的難處讓她嘗到了表演的不易，「以前在看戲時，我能夠批評誰演得好，誰演得歹，現在挨到了自己，覺得演戲並不是一樁容易的事。尤其在做表情的時候，恨不得拿一面鏡子來放在面前對著做才好」（葉青：〈訪：幸運之星王丹鳳〉），幾年後回顧自己初上銀幕時的經歷，她這樣說道。但她虛心、用功，加上悟性不低，最終還是為她的銀幕處女作交上了一份不錯的成績單，看完試片後，玉鳳聽到導演這樣說：「她演得還不錯，

初次上銀幕，有這樣的成績，並不算壞。」（葉青：〈訪：幸運之星王丹鳳〉）終於，她那揣揣不安的心情這才為之一寬。之後，身兼合眾影片公司經理一職的朱石麟正式拍板，特邀她加入為基本演員，簽約三年。這位對玉鳳悉心點撥指導的伯樂更為她起了個響亮的藝名——王丹鳳，這一字之別裏有著無比美好的寓意：願她丹鳳朝陽，前程似錦。對於朱導演的知遇之恩，王丹鳳一直銘感在心，很多年後她還記憶猶新地對人說：「那時，我是什麼也不懂，全靠朱石麟先生的耐心啟發、誘導⋯⋯」（藍為潔：《台前幕後的明星們》，中國工人出版社，2001年1月）

　　正式加入「合眾」後的第一部影片《肉》（又名《靈與肉》），仍是朱石麟導演，王丹鳳在劇中出演男主角顧也魯的表妹，戲份不多，但是金子總不會被埋沒，她那光彩照人的銀幕形象很快就為她贏得了《新漁光曲》一片的角色，這一次，她一躍而成為女一號。《新漁光曲》，顧名思義，是對《漁光曲》一片的重新詮釋，1935年，蔡楚生導演的《漁光曲》在蘇聯莫斯科影展上為中國電影帶回了第一份國際性的榮譽，那時，王丹鳳還只是個十來歲的小姑娘，她是再料不到這部曾經連映八十四天、轟動一時的影片會和自己產生什麼關係的吧。是機遇，更是挑戰，當年王人美飾演的漁家女「小貓」早已深入人心，想要超越談何容易，而挑剔的觀眾們更是難免會把新舊角色拿來做一番比較。任何好的演員總是有著他人無可替代的個人魅力，而絕不止是一味的模仿前人，王人美的「小貓」活潑俏皮，在王丹鳳演來卻另有一種楚楚可人的樸實純真，影片一經上映，立即引起了轟動，女主角王丹鳳更是贏得了觀眾的普遍好感，因為覺得她長得頗似紅極

一時的歌影雙棲明星周璇，影迷們還熱情地稱她為「小周璇」。孤島時期，上海影界最賦盛名的女星，金嗓子周璇之外，要數「新華」的「四大名旦」：陳雲裳的美麗驚天動地，秀逸纖弱的袁美雲我見猶憐，溫柔婉孌要推悲旦陳燕燕，作風爽利的顧蘭君則以演技見長。冉冉升起的新星中，李麗華正以一種卓爾不凡的旖旎風情睥睨影壇，王丹鳳的長處則在於她與生俱來的清新氣質，明快、美麗，而又不事張揚，讓人無法抗拒。

影迷的「優質偶像」

像朱石麟導演贈她的嘉言美名一樣，王丹鳳紅了，而這從普通影迷到著名影星的轉變，前後相隔只不過短短的一年時光，於是好事的報刊媒體又一哄而起，感歎著時勢造英雄，半是愛憐半是豔羨地稱她為「幸運之星」。1942年，日軍全面侵佔上海租界，4月，兼併了滬上眾多電影公司的中華聯合製片股份有限公司成立，儼然成為影界的「托拉斯」組織，一年後又改組為中華電影聯合股份有限公司，繼續掌控著上海的電影生產業。在「中聯」和「華影」的三年裏，王丹鳳可謂星途坦蕩，接連拍攝了《落花恨》、《春》、《秋》、《博愛》、《浮雲掩月》、《三朵花》、《闔家歡》、《兩代女性》、《萬紫千紅》、《新生》、《大富之家》、《教師萬歲》、《人海雙珠》、《莫負少年頭》等二十多部影片。期間，無論是絕對的女主角，還是和眾星配演的片子，她都兢兢業業，一絲不苟，因為電影對她來說不獨是興趣所在，更是一份有責任去用心完成的工作，她曾

說：「我向來抱著無功不受祿的宗旨，既然拿公司裏的工錢，那麼，總要認真的替公司做事，這樣的，理智告訴我是無愧的。」（葉菁：〈王丹鳳之格言〉，載《上海影劇》創刊號，1944年2月20日）

然而，作為一個演員立身之本的演技卻沒有和王丹鳳那如日中天的聲名一樣與日俱增，當時輿論的普遍觀點是她的「演技不夠動人，表情不夠深刻，無論在哪一部影片中，我們只看到了王丹鳳，沒有看到了劇中人」，並覺得「差不多她只能演些女學生或情竇初開的少女之類的角色，同時宜於演喜劇，不宜演悲劇」（郭鈞：〈王丹鳳印象〉，載《上海影壇》第一卷第三期，1943年12月10日）。為此，王丹鳳也不無憂慮：「關於我自從跨進影圈，二三年來所飾演的角色，大都是頑皮的孩子的一樣，對這，我自然是很慚愧的，也許是為了我性情相近的緣故。可是我又怕了，我怕自己會成為一個『定型』的演員。」（王丹鳳：〈我〉）其實，王丹鳳從小的生活環境一直比較單純，加上她年紀輕，閱歷淺，因此較難把握好複雜的人物性格，而且能演到什麼樣的角色，自身條件之外，很多時候主動權並不在演員手中。

1944年對二十歲的王丹鳳來說是值得紀念的一年，那一年，她不僅主演了為了她量身訂做的影片《丹鳳朝陽》，更與昔日的偶像周璇、袁美雲一起，共同出演了「華影」斥鉅資打造的煌煌大作《紅樓夢》，在片中，她飾演的正是與寶、黛鼎足而三，「罕言寡語、安分隨時」的薛寶釵。「當我接到《紅樓夢》的拍戲通告之後，心裏莫名其妙地不安起來，我想禮讓這一個吃重的角色，可是一方面又想鼓起勇氣來嘗試一下，最後才決定起來冒一次險，不管是怎麼樣的可怕，好容易才挨過了這一個時間，成績也許不會像理想那樣，我很

慚愧。」（王丹鳳〈感言〉，載《〈紅樓夢〉人物素描，[1944]年》）影片完成後，她曾頗有些惶恐地寫下感言。事實證明，她的擔心不無道理，亦舒曾經這樣評價早期的張曼玉：「美則美矣，毫無靈魂」，《紅樓夢》中的王丹鳳，也可作如是觀。影片一出，就有不少評論者認為王丹鳳沒能演出薛寶釵的世故圓通，實在算不得成功，但廣大觀眾和專業人氏的著眼點畢竟有所不同，他們毫無保留地讚美著她嬌豔明媚的容顏和雍容典雅的態度，是啊，即便在幾十年後看來，那略顯模糊的黑白影像之中，王丹鳳依舊嫻靜似嬌花照水，朗朗如玉山照人，美得不可方物。

1944年的王丹鳳

　　肯定有人會質疑，難道王丹鳳的成名只是因為一張動人的臉龐？當然不是，刻苦和努力之外，良好的作風和品質才是她成功的保證。王丹鳳為人謙虛，面對各方的讚譽，她堅辭：「在這數年的過程中，得有今日這點小得無可再小的地位，這完全是外界給予的，我應得感謝他們。」（王丹鳳：〈我的

從影感想〉，載《上海影劇》第二期，1944年3月25日）對於自己的演技，她更有著相當審慎的認識：「我感覺到慚愧，因為我在藝術上——演技的經驗，自己感到很幼稚。」（王丹鳳：〈我的從影感想〉）她行事低調，不好爭名奪利，比如拍攝眾星雲集的《闔家歡》一片時，某男星為了爭排名，把另一女角梁影硬拉起來和他同掛主演的名義，從而排擠本該排名在前的王丹鳳，為此，許多影迷紛紛替她鳴不平，而王丹鳳卻毫不在意，她總說：「我拍電影是為了活著！不是為了出風頭。」（葉菁：〈王丹鳳之格言〉）她的待人和氣更是有口皆碑，只要是對她稍有瞭解的人都知道她「對待人家，不論是熟朋友陌生朋友甚至於影迷，從來沒有擺出些所謂大明星的架子，總是客客氣氣很謙虛地，人緣是相當的好。對於同事們更謙虛，在攝影場中上，上自導演下至小工們沒有一個不對她有好感的」（郭鈞：〈王丹鳳印象〉）。更難能可貴的是她在環境複雜的淪陷區仍保持著一份相當不易的清醒，當時滬上的一些「新貴」對這位當紅女星很有點想入非非，常以吃飯跳舞之類的名目想和她接近，甚至有人挽媒說央，以金錢為誘，要娶她為妾，對此，她不但毫不動容，更是以一種嚴肅的私生活態度與浮華糜爛之風保持著距離。她衣著樸素，不愛交際，業餘消遣除了看電影就是看書，她喜歡閱讀一些文藝氣味濃重的小說，也會以諸如《演員自我修養》一類的著作來提升自我的職業素養，對不少無謂的應酬則是能拒則拒。她的潔身自好一度被一些人不懷好意地說成是「搭架子」，她無從申辯，一開始時只有哭，及至認識到清者自清，乾脆聽其自然。她知道母親對女子從藝懷有偏見而一直反對她當演員，因此常拿「我豈可不好好地努力，為她爭一口氣」的話來勉勵自己（王丹

鳳：〈我〉），她還常說：「不管什麼東西必先受損壞，然後會腐爛了，人生亦一樣的。你自己不尊重自己，然後人家會不尊重你了。」（葉菁：〈王丹鳳之格言〉）正是這自尊自重、嚴於律己的處世態度為她贏得了同行的好評，「與她合作過的大導演，如桑弧、楊小仲、方沛霖、馬徐維邦都高度評價王丹鳳的謙虛和謹慎的作風，稱她『作風正派、不語小人言、修養不錯』。」（藍為潔：《台前幕後的明星們》）想要做好事，必先做好人，外表柔弱而內心堅定的王丹鳳，不愧為當時影壇真正的「青春玉女」和「優質偶像」。

1948年的王丹鳳

由絢爛歸於平實

　　1945年，「華影」隨著日本的無條件投降而解體，一番清算、接管之後，上海影壇步入了新的局面。1946年，柳中亮、柳中浩兄弟創辦的國泰影業公司成立，開張第一片為《民族的火花》——拍攝有關抗戰的影片正是勝

王丹鳳在《亂點鴛鴦》中

利後電影界的一股熱潮。為打響「國泰」的第一炮，老闆柳中浩和導演楊小仲親自出馬，盛邀王丹鳳出任女主角，而她也不負重託，大改戲路地在劇中出演了一名不畏暴虐，團結全鎮居民反抗侵略的中學教師，獲得了相當的好評。此後，王丹鳳繼續著炙手可熱的勢頭，雖不曾和任何一家公司簽定長期合同，仍然片約不斷，一連為「國泰」、「中電」、「大地」、「群星」、「新時代」等新老公司拍攝了《月黑風高》（一名《月黑殺人夜》）、《亂點鴛鴦》、《鸞鳳怨》、《青青河邊草》、《斷腸天涯》、《無語問蒼天》、《珠光寶氣》、《夜來風雨聲》等近十部影片。其中《青青河邊草》改編自轟動一時的好萊塢電影《魂斷藍橋》，也許是冥冥中自有定數，當年的《新漁光曲》曾讓王丹鳳一舉成名，如今又是一部珠玉在前的改編片，讓王丹鳳達到了表演上的新高度，在片中她細膩委婉地描摹了人物的內心情感，表演含蓄而真切，該片也就此成為她演技走向成熟的代表作。

　　演藝事業的提高並沒有讓王丹鳳自驕，攝影場上，她照舊保持著端正的工作作風與謙虛和藹的態度。《亂點鴛鴦》一片的攝影師王士英，在與她合作過後對其讚不絕口，他這樣描述王丹鳳：「拍戲時，她總是早到，化好妝等著。有一次，我們布光拖了點時間，我很著急，她還笑咪咪地望著，沒有絲毫責怪的意思，比起有幾個架子大的演員來，討人喜歡多了。」（藍為潔：《台前幕後的明星們》）1947年，抗戰勝利後由重慶返滬的名導演吳永剛特意為王丹鳳編寫了《終身大事》，並將之搬上銀幕。曾以《神女》、《浪淘沙》、《壯志凌雲》等片譽滿影壇的資深大導演何以垂青一位從未合作過的年輕演員？原來王丹鳳剛出道時吳永剛還未離開上海，當時他就發現王丹鳳有做演員的好素質，加上回滬後看了她主演的幾部影片，又聽到一些行內老友對她的不錯評價，於是產生了為她寫個劇本的念頭。這部講述愛情與人生的影片上映後在青年學生中引起的強烈反響甚至超出了導演的預料，王丹鳳和男主角韓非的默契配合充分證明吳永剛並沒有看錯人。三十多年後，吳導演仍能清楚回憶起拍片時的情形：「王丹鳳當時才20歲剛出頭，最大的優點是到了現場非常專注，靜心深入角色。她不像有的年輕女演員，容易分心，等照明燈開了才演戲，戲就浮在面上，沒有分量。沒有她的鏡頭時，她不像別的明星愛說這說那，總是文靜地面帶微笑地望著……」（藍為潔：《台前幕後的明星們》）

　　1949年，和當時許多當紅的內地影星一樣，王丹鳳受邀到香港拍片，《錦繡天堂》、《瑤池鴛鴦》、《瓊樓恨》、《王氏四俠》、《方帽子》、《海外尋夫》……她迅速在香港影迷心中建立起不可動

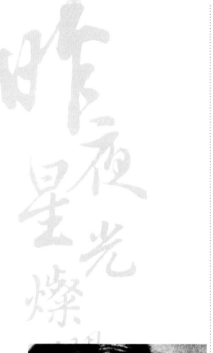

1949年的王丹鳳

搖的地位，成為了票房的保障，一如她在上海時一樣。四十年代末期，王丹鳳不單收穫了事業，更收穫了愛情，作為當時影壇少有的沒有什麼緋聞的女星，她的感情歸屬並無懸念，1950年底，她謝絕香港方面的高酬挽留回到上海，在1951年元旦與相戀多年的柳中亮之子柳和清舉行了婚禮，婚後更是夫唱婦隨，為柳中亮父子於1948年創辦的大同電影企業公司主演了《彩鳳雙飛》一片。

五十年代後，解放前的諸多影片公司陸續完成國有制改革，王丹鳳就此成為上海電影製片廠的演員。與之前一年拍六、七部影片的風光不同，直到1956年，她才在《家》中飾演了鳴鳳一角，此後的《海魂》、《春滿人間》、《風流人物數今朝》等片，她也並非占盡春光的頭牌，可她不但不以為意，反而加倍下工夫，在她看來，「越是戲少，越要認真研究。不然，在銀幕上一閃而過，對戲沒有幫助」（藍為潔：《台前幕後的明星們》）。雖然拍

片不多，卻仍有經典傳世，1957年，她在《護士日記》中成功塑造了熱心、善良，又忠於職守的護士簡素華，銀幕上，三十三歲的王丹鳳純真依舊，歲月根本奪不去她飛揚的青春。影片的熱播不僅讓當時的年輕人都以娶一位像簡素華那樣的溫柔可人的護士小姐為榮，更是留下了一支傳唱至今的電影歌曲——「小燕子，穿花衣，年年春天來這裏……」——王丹鳳那清悅動人的歌聲似一個甜蜜夢境，鑄刻在整整一代人的記憶中。她塑造的另一個銀幕經典則是《女理髮師》中的華家芳，那位熱愛生活、傾心工作的女理髮師，成為具有獨立精神的新中國女性的代表之一。1962年，王丹鳳和趙丹、白楊、張瑞芳、上官雲珠、孫道臨、秦怡等著名演員一起，被文化部評為新中國「二十二大影星」。

　　1963年，西安電影製片廠為拍攝古裝片《桃花扇》，從上海借調王丹鳳任女主角，這樣的選擇足見攝製組的用心，因為無論是外形還是氣質，王丹鳳都與才貌雙全且深明大義的奇女子——「香扇墜」李香君神似。只可惜這部影片找到了合適的演員卻沒能投上合適的時機，在上映後遭到了「企圖復舊」的批評。此後不久，文化大革命爆發，王丹鳳的藝術生涯也就此暫停。

看雨後的彩虹

　　十年動亂，對身心飽受摧殘的文藝工作者來說，都有著說不盡的不堪回首，王丹鳳又何嘗不是。抄家、批鬥、勞動、改造，她一樣都沒少經歷，但她總是態度端正，並無怨言。要她糾正思想，她便常

常捧著本《毛主席在延安文藝座談會上的講話》翻來覆去地讀；要她下鄉勞動，她便勤勤懇懇，從不偷懶。她的自愛還體現在許多小細節中，比如在「五‧七」幹校時，她總是把自己床鋪整理得乾淨整齊，並嚴格遵守作息規定，起床上床更是動作極輕以免妨礙別人，勞動時她從不挑工具，再苦再累也絕不叫苦叫疼。六十年代，導演楊小仲回憶過去拍戲的事，曾說：「別看過去的女演員，看起來有點像嬌小姐，實際有的很能吃苦，我合作過的年輕女明星王丹鳳就是很好的例子。」（藍為潔：《台前幕後的明星們》）「很能吃苦」，這大概就是外表嬌弱的王丹鳳為什麼可以忍過艱難歲月的原因之一吧。

更難得的是在特定的環境裏，王丹鳳也一如從前地「不語小人言」，那時大字報、小字報滿天飛，可王丹鳳卻從不會為求自保而胡亂揭發他人。她的丈夫柳和清曾對同在一個「牛棚」的湯曉丹的夫人——剪輯師藍為潔說：「丹鳳膽小，她不但人前不說半句怪話，在家裏也是正話正說。」（藍為潔：《台前幕後的明星們》）藍為潔在「五‧七」幹校時正巧和王丹鳳住在同一間草棚，對王丹鳳認識頗深，在她看來，王丹鳳在動亂年代中所表現出的誠懇自愛，「不是一般的識時務，而是自有主心骨」（藍為潔：〈動亂年代裏的王丹鳳〉載《大眾電影》2000年第1期，2000年1月28日）。

「文革」結束後，電影系統經過撥亂反正，重新開始了正常的電影攝製工作。在留下《失去記憶的人》、《兒子，孫子和種子》，和從少女演到老婦、角色年齡跨度很大的《玉色蝴蝶》這三部影片後，王丹鳳告別影壇。八十年代中期，柳和清申請去香港治病，王丹鳳也於1992年隨其夫赴港定居。那時，柳和清已在銅鑼灣怡和街開辦了一

家「功德林」素菜館，前往光顧的，不僅有對素菜情有獨鍾的食客，更有大批王丹鳳的忠實影迷，飯店廣開客源，生意紅火，之後還擴大規模，在尖沙咀增設了分號。

時光流轉不由人，昔日的「玉女」王丹鳳如今也已步入老年，儘管如此，她仍然體態輕盈，神采奕奕。有人向她討教養生之道，她說：「人們所講的健康，是指身體上的健康和精神上的健康兩個方面。就精神而言，憂愁煩惱最能使人衰老。就身體健康而言，主要是離不開體育鍛煉。」（〈王丹鳳養生有方〉，載康易網，）其實歲月並不會對任何人留情，而幸福的饋贈總是只給予那些在經歷過坎坷不平後還能真誠擁抱生命的人。後人追往撫今，會不會感慨上蒼偏心？它是那麼厚愛王丹鳳，給了她美麗容顏，又賦她美好心地，讓她看過潮起潮落，又終等來雨過天青。

陳娟娟

一夜長大

陳娟娟兩歲喪父，四歲登臺表演，五歲躍上銀幕，七歲一舉成名，十二歲被譽為東方的秀蘭・鄧波兒。她的從影之路似乎走得比誰都順當，在懵懵懂懂還不知成名為何物的年齡，就已經有了相當的名聲和廣大的觀眾群。然而這還不是最稀罕的，如她這般少年成名，在中國早期電影史上雖非多見，卻也有不少，鄭小秋、但二春、李旦旦、黎鏗、葛佐治、胡蓉蓉……無不小小年紀已有代表佳作，生動活潑的扮相深入人心。可惜成名太早，未必全是好事，過早的名聲和財富對心智尚還稚嫩的孩子來說是個巨大的考驗，稍有差池便容易心態失衡，即使心態健康，依然要面對橫亙在未來之路一道難以逾越的坎——成年，如何轉變自己已經固定的銀幕形象，如何讓觀眾接受一個長大了的自己，每一步都並非易事。因此很多童星成年後就轉向幕後當起了導演，或者轉行在其他領域重新開始，還有些甚至銷聲匿跡了。然而這一道坎，陳娟娟卻彷彿在不經意間就輕鬆跨過，從《迷途的羔羊》中流浪街頭的小孤女到《小二黑結婚》中清新純樸的農家少女再到《雪中蓮》中年齡跨度極大的演出，成長之迅速令人驚奇。她是憑著怎樣的機緣一舉成名，成為萬眾矚目的童星的？又是懷著怎樣的心情跨越成長，從童星順利過渡到成年明星的？故事要從她多姿多彩的童年開始講起。

童年：如青雲直上雲霄

　　有些事情，總要許多年以後才能體味出其中的禍福相依，少年成名如是，幼年喪父亦如是，而這兩樣，陳娟娟偏偏卻挨著了。1928

年，陳娟娟出生於馬來西亞柔佛，兩歲
那年，父親便撇開才剛呀呀學語的她，
還有她那纖弱的母親以及年邁的婆婆與
世長辭了。兩歲的孩子，還不甚知事，
連悲哀也只是茫然地跟著長輩掉幾滴眼
淚，更不會明白這將是改變她人生的第
一個轉折。在此之前，她父親在南洋開
辦學校，母親和外婆幫著管理家務，一
家人其樂融融，小娟娟過著無憂無慮的
幸福生活。在此之後，環境逼迫下，孤
兒寡母三人一同飄流到上海，娟娟由婆
婆帶著撫養，母親外出當教師掙錢，靠
著微薄的薪資勉強維持生計。然而就在
這生活陷入困頓之中的上海，命運之手
又開始了另一番擺佈。

　　是四歲那年吧，娟娟在學校舉行
的遊藝會上表演歌舞，也不過就是當時
孩子們經常跳的飛飛舞之類的節目。不
想，一舞終了，連夜便有一位自稱是暨
南影片公司主持人的黃槐生先生找到她
們家，說是看了娟娟的表演，很為她天
真活潑的姿態所吸引，非常看好她的表
演潛力，想邀請她在即將開拍的新片

1937年的陳娟娟

中飾演一個角色。那時娟娟還小，一個孩子的命運原就由不得自己做主，好壞有時全在大人的一念之間，而當時照料娟娟一切大小事務的是她婆婆。說起這位婆婆，可算是陳娟娟生命中第一休戚相關之人，也正是她在這關鍵時刻，順水推舟把娟娟送上了銀幕。「婆婆雖是過去時代的女子，但是她的思想並不像一般老年人那樣地頑固陳舊，雖說對於藝術沒有什麼認識，可是她喜歡新奇的藝術，尤其是電影，她是寄予很高期望的。」（陳娟娟〈做一個有用的人〉，載1944年3月25日《新影壇》第2卷第5期）婆婆極力贊成娟娟去試試看，這一試便有了陳娟娟的銀幕處女作《為國爭光》。

不過在這部影片中娟娟只是露了一下臉，並沒有予人留下深刻印象，然而這個註定走紅的小姑娘很快又一次得到了幸運女神的眷顧。「1934年末，藝華公司拍攝有聲片《飛花村》，劇中有個童角本來由史東山女兒扮演，不料實拍時，這女孩因日前影棚失火，受了驚嚇，不肯上場了。導演急得直跳腳，有人想到曾在《為國爭光》中露過面的活潑小姑娘陳娟娟。」（金大漢〈中國的「秀蘭·鄧波兒」陳娟娟〉，載2000年《上影畫報》第2期）於是，陳娟娟的家門又一次在深夜被敲響，然而母親卻一口回絕了來人所求。眼看談判將陷入僵局，娟娟的婆婆又一次站出來扭轉形勢，據理力爭，說服女兒讓娟娟去嘗試一下。

婆婆不僅是將娟娟送上銀幕的關鍵人物，也是她演戲時的重要精神支撐。娟娟自小是婆婆一手帶大的，彼此感情深厚，也最聽婆婆的話。不論到片廠還是外出，兩人幾乎都形影不離，也只有婆婆在身旁時她才能自然安心地表演。「在攝影場拍戲的時候，婆婆除了是保護，同時還是娟娟的導演。五歲的娟娟很頑皮，有時候也會不聽導演

的指揮，叫導演抓著頭皮，沒有辦法；可是婆婆的話她總是聽的，因此在她不聽話的時候，只要有婆婆在旁，加以誘導，就能叫她就範。」（鄧波兒〈陳娟娟該結婚了〉，載1948年3月16日《電影雜誌》第12期）正是在婆婆和導演的雙重指導下，娟娟出色地完成了表演任務。

1935年，影片《飛花村》上映，頗受好評，陳娟娟在其中的戲份並不多，但聰明伶俐的模樣討人喜歡，她還以稚嫩悅耳的童音演唱了聶耳作曲、孫師毅作詞的我國第一支電影兒童歌曲〈牧羊歌〉。打從那時起，這個臉盤嘟嘟、眼神清亮的小姑娘開始受人注意起來了，各大電影公司紛紛向她發出拍片邀請。

但那時中國的兒童題材影片還未成氣候，以兒童為主演的影片也不多見，陳娟娟的戲路受到一定局限，一般只能在片中給男女明星配配戲，直到1935年大導演蔡楚生拍攝兒童影片《迷途的羔羊》。這部影片以其細膩生動的筆觸描寫了上海灘頭流浪兒童的悲慘生活，揭露了當時底層生活的黑暗。陳娟娟在其中飾演小翠一角，淒苦無依的身世，迷惘彷徨的表情，梨花帶雨的哭泣，無不令觀眾動容，忍不住掬一把熱淚。憑著這一次精彩的演出，陳娟娟一下子紅了，就此奠定了著名童星的地位。

那是一個童星匱乏的年代，1935年，秀蘭‧鄧波兒在好萊塢正當紅，拍了《小情人》、《小安琪》等系列影片，掀起了一股「秀蘭熱」，還榮獲第7屆奧斯卡特別金像獎，反觀中國影壇，甚至都沒有能獨當一面的童星。陳娟娟的橫空出世，很是振動了一下中國影壇，也讓各大影片公司看到了潛在的觀眾市場，於是各出奇招想把這顆未來的搖錢樹網羅進來。剛剛成立的新華影片公司捷足先登，趁著四處

1939年的陳娟娟

招兵買馬之際，以優厚的待遇邀請陳娟娟進「新華」拍戲，並和她簽訂了長期合同。「娟娟在進新華之前，與藝華聯華的拍戲合同，大都部頭性質，直到進新華公司：才是長期合同。」（星谷〈陳娟娟的從影生活和流浪生活〉，載1940年11月2日《大眾影訊》第1卷第17期）不僅如此，新華影片公司還以她的身世為藍本，專門編寫劇本《小孤女》由她主演，這部影片同樣獲得了成功，由著名音樂人冼星海作曲，陳娟娟主唱的影片插曲〈團團坐〉，至今仍在流傳。

從此，娟娟開始了一段陽光燦爛的日子，當時她的薪資是每月一百元，這是一般大人也不容易掙的，生活變得寬裕了，架子也大了起來，來去片場都要汽車接送，汽車不來接，就不去拍戲。那時的拍戲氛圍也不怎麼緊張，從沒有通宵拍攝的情況，去鄭州拍攝《壯志凌雲》外景時，攝製組一行人住在沙灘邊的農人家裏，逢到天下雨或不十分晴朗時，就暫停拍攝，在海邊走走，吹吹海風，揀揀貝殼，日子是悠閒而愜意的。

無怪乎，多年後陳娟娟回憶起來，還是忍不住感歎：「那時的拍戲工作是多麼地快樂呀！它給我的回味仍是那麼地濃厚！」（陳娟娟〈做一個有用的人〉）

少年：破蛹化蝶的陣痛

　　美好的日子總是短暫的，悠閒的時光沒過多久，「八‧一三」淞滬抗戰的一聲槍響，宣佈著上海孤島時期的來臨，也打亂了陳娟娟平靜安逸的生活。驚慌失措中，人人自危，想要逃出這槍口炮眼的大上海。那時逃往香港的人最多，於是娟娟和婆婆同著義父朱血花也跟著政府要人，在撤退的最後一批中逃到了香港。「適其時『梅花歌舞團』從南洋二次載譽回來，團長魏縈波聞娟娟之名特邀其參加，並為之改名為『娟娟歌舞團』，往南洋各地去表演。」（英〈陳娟娟小史〉，載1949年《僑影：再生年華特刊》創刊號）歌舞團從香港出發一路途經廣州、安南、暹羅、金邊各地，每到一處便演出一場，在廣州的逗留時間最長，因為打著陳娟娟「著名童星」的名頭，演出的成績很是不錯，最轟動一時的是《秋陽》和《三小子》二劇。此外當地的一些學校開遊藝會時，也常常叫娟娟去客串表演，一時間，「陳娟娟」這三個字在南洋也打響了名氣。然而當歌舞團從南洋回來道經暹羅時，卻發生了意外，當時的暹羅正由親日派掌權，認為歌舞團表演的劇目有反日嫌疑，便禁止演出，並把他們驅逐到暹羅安南的邊界上。因為沒有辦法參加演出，斷了收入來源，娟娟和婆婆的生活變得艱辛起來，在安南租房一年有餘，吃盡了千辛萬苦才重回香港。此時，娟

娟的義父朱血花已經轉回內地，無從依靠，幸好遇到了新華影片公司主持人張善琨，在他的勸說下，祖孫倆決定還是回上海繼續拍戲。

　　算來娟娟自1937年12月7日離滬，到1940年1月30日返滬，和上海分別了也有將近三年。三年之中，遊歷南洋各地，雖也有快樂的時光，比如學習各地的方言，參觀金邊的皇宮，但還是辛苦的時間居多，特別是在旅程的後半段，一老一少，無人照料，多有不便，娟娟遭遇到了從影以來的第一個挫折。然而無論碰到多麼艱苦的情況，婆婆總是告誡娟娟說：「年輕人吃一點苦算不了什麼，年輕人說出『辛苦』兩字，這是他的恥辱！」（陳娟娟〈做一個有用的人〉）正因為有了婆婆的鼓勵和支持，尚還年幼的娟娟才能從這突如其來的艱辛中挺了過來，重新回到了銀幕。

　　重回上海後，陳娟娟又開始陸續接戲，參與演出《杜十娘》、《江南小俠》、《重見光明》、《中國白雪公主》等多部影片。尤其是《中國白雪公主》一片，使她的名聲又達到一個頂峰，被譽為東方的秀蘭‧鄧波兒。其實若單從銀幕形象而言，陳娟娟與秀蘭並不相似，反倒是另一位同樣被稱為東方秀蘭‧鄧波兒的中國女童星——胡蓉蓉的模仿痕跡更重。稱娟娟為東方的秀蘭‧鄧波兒，主要是當時影片公司的一種炒作，吸引目光，也突出了她如日中天的名氣。

　　然而，隨著年齡的與日俱增，背負著「東方秀蘭‧鄧波兒」盛名的娟娟卻不得不面臨一個嚴峻的問題，那就是銀幕上越來越沒有適當的角色可演了。「這不是說銀幕不需要十一、二歲的演員，也不是說劇本中沒有十二歲的角色，為的是這一個年紀的角色，她的戲一定不很重要，不過是二三流的普通角色。電影不如話劇，排名很有

講究，陳娟娟在幼年時代已經是一個盡人皆知的小明星，現在用她來
湊數，除了導演的不願意辱沒了她的地位之外，她本人也不願意這樣
做。」（鄧波兒〈陳娟娟該結婚了〉）如此一來，漸漸地，娟娟竟被逼
入無戲可演的尷尬境地。為了解決這一難題，導演李萍倩想了個極妙
的主意，招攬了龔秋霞、陳琦、張帆、陳娟娟四位女演員共同出演影
片《四姐妹》，龔秋霞飾演端莊嫻靜的大姐、陳琦飾演活潑伶俐的二
姐、張帆飾演熱情好動的三姐、陳娟娟飾演天真純潔的四妹，四人不
僅在戲裏以姐妹相稱，在戲外也來了一場熱鬧非凡的結拜儀式，結成
了生活中的四姐妹。這樣一來，不僅影片有了噱頭，還免了排名先後
之爭，一舉兩得。影片拍竣後，四人還在愛多亞路（今延安中路）上開
了一家「四姐妹咖啡館」，以「四姐妹」命名並且親自經營，生意很
是火紅。然而拍「四」字頭的片子對陳娟娟來說終究只是權宜之計，
只能來一回，並不能解決根本問題。

　　除了年齡的尷尬，在表演上陳娟娟也遇到了另一重挑戰。那時的
娟娟已長得亭亭玉立，可以飾演情竇初開的少女了，然而因為娟娟自
小在婆婆的庇護下長大，與外界接觸甚少，生活體驗的缺乏使她無法
勝任一些複雜而深刻的表演，尤其是拍攝感情戲的時候。比如她主演
舒適導演的影片《秋之歌》，這部影片是寫一個大學生梁自濂與才15
歲的女學生黎蓉芬相戀的故事，其中有一場戲是黎蓉芬懷了梁自濂的
孩子，要拍黎倒在梁懷裏的鏡頭，娟娟羞得硬是不肯拍。編劇譚惟翰
勸她說：「這是根據真人真事改編的，沒有拍愛的鏡頭，怎麼能說他
們倆有了孩子呢？」（顧也魯〈常念「四妹」陳娟娟〉，載中國電影出版
社1996年版《影壇藝友悲歡錄》）導演舒適也苦口婆心地勸了她半天，

還作了示範表演，她才勉為其難入了戲。然而因著那一層扭捏作態，表演總不夠自然。

這一段時期，陳娟娟確實感到些許苦悶，接片減少，名聲也不如從前，然而她並不消沉，空閒的時候就學習唱歌，出演話劇，多讀些書，她知道人總是要慢慢長大的，體驗總是會慢慢豐富的，現在要做的就是不斷充實自己，以及等待——等待成長，等待機會。

成年：絢爛歸於平淡

沒有人能說清成長到來的確切時間，彷彿倏忽間，曾經那個乳臭未乾的黃毛丫頭就已經有了女子的風情韻致。1945年，抗戰勝利了，陳娟娟也長大了，不用再苦惱演不上主角，也不用再懼怕拍攝感情戲。年方雙十正是容易配戲的好年華，短短幾年間，她連續主演了好幾部影片，在銀幕上談了幾次轟轟烈烈的戀愛，還結過一次婚，再也不似當初的靦腆羞怯了，甚至她那位從來

1948年的陳娟娟

都形影不離的婆婆，也因為身體的日益
虛弱，淡出了她的身後。娟娟是真的長
大了，她的表演舞臺也從上海轉移到了
香港，除了僅有的幾部戲如「大華」的
《同是天涯淪落人》、「群星」的《珠
光寶氣》、「華僑」的《再生年華》是
在上海拍攝的，多數參演的影片都是
由香港的影片公司負責攝製的，及至
1949年後，她便在香港定居下來了。

她在香港，先是成為大中華影片
公司的基本演員，主演了但杜宇導演的
《苦戀》，繼之又出演了《春之夢》、
《桃花依舊笑春風》、《龍鳳呈祥》、
《四美圖》等影片。

1950年她和顧也魯合作，出演根
據趙樹理同名小說改編，反映解放區生
活的影片《小二黑結婚》。陳娟娟在
其中飾演農村少女小芹，這是她此前
從沒有涉足過的角色，對於這一次全新
的嘗試，她的心情是複雜的：「我既興
奮，又惶恐，我多麼希望跳出『小家碧
玉』、『佳人』、『小姐』之類的角
色，能拍有進步意義的影片！」但同

陳娟娟與顧也魯在
《小二黑結婚》中

時她也坦率地承認：「解放區的新農民是個啥樣，一點也不知道。」（顧也魯〈常念「四妹」陳娟娟〉）為此攝製組還特地請來老區的朋友介紹山西農民的思想及新農村的風貌，幫助他們仔細研讀趙樹理的原著，深入理解解放區生活。漸漸地，隨著影片劇情的逐步展開，加之自己的耐心揣摩，新農民的形象在陳娟娟的腦海裏變得清晰起來，她由衷地喜歡上了小芹這個角色，甚至不惜為此做出「犧牲」。劇中有一場戲，拍小二黑和小芹一起駕牛犁田，要求演員赤著腳踩在剛施過肥的田裏，陳娟娟只猶豫了一下便毅然脫下鞋襪下地犁田了。她覺得「拍進步影片，就得有點犧牲精神」。（顧也魯〈常念「四妹」陳娟娟〉）

拍完這部影片後，陳娟娟轉入長城影業公司，與夏夢、石慧等人合演了《一家春》，成為當時觀眾爭相觀看的一部佳片。後又轉入鳳凰影業公司，在歲月的洗禮中不斷錘鍊演技，1957年，她再次挑戰自我，主演影片《雪中蓮》，從一個純樸的少女一直演到白髮蒼蒼的老婦人，充分展示了她的表演才華，登上了新的表演高峰。

五、六十年代正是香港電影的黃金時期，兼具美貌與才氣的女演員層出不窮，夏夢、樂蒂、林黛、陳思思、石慧、尤敏……無不紅極一時，已是而立之年的陳娟娟，雖然擁有豐富的銀幕經驗卻已過了正當青春的年華，無法重現當年全盛時期的輝煌了，然而這個從五歲開始就受人矚目的女演員卻始終保持著一顆平常心，在恬淡平靜中做好一個演員的本職工作。自60年代末期開始起，她還轉向幕後，嘗試起了導演工作。

　　她從副導演開始做起，先是參與影片《金鷹》的拍攝工作，既主演又兼副導演，該片曾創造香港賣座100萬元的紀錄。1969年，她和許先合作導演《英雄後代》。1971年，她又協助女導演任意之導演《紅粉飄零》，開創了香港電影界兩位女導演聯合拍片的先例。1972年，她與任意之、朱楓聯合執導反映雜技藝人生活的藝術紀錄片《雜技英豪》。翌年，香港長城影業公司來北京拍攝大型紀錄片《萬紫千紅》，她也是導演之一，該片以簡潔洗練的鏡頭記錄了亞非拉乒乓球友好邀請賽的實況。

　　然而正當陳娟娟在導演方面大展才華之際，卻不堪心臟病的折磨，不幸於1976年逝世，時年僅47歲。她走得平靜而安詳，宛若她輾轉沉浮終又歸於寂然的一生：娟娟紅了，娟娟長大了，娟娟走了。

跋

　　近年來，我們在從事中國早期電影明星的研究，閱讀了幾乎所有相關文字：歷史的，當今的；國內的，國外的。這些史料及我們原本積累的文獻，讓我們對中國影壇的前輩們有了近距離的接觸和更清晰的瞭解，同時也產生了寫作的衝動。這本書就是我們寫作計畫的一部分，雖僅限於演員，且人數也只有二十八位，但我們認為是很有代表性的。寫作任務主要由我的幾個年輕朋友承擔，他們在從事繁重工作的同時，利用業餘時間在較短的期限內完成了這部書稿，精神可嘉。具體的人物篇章分配如下：蝴蝶、阮玲玉、陳燕燕、白光、王丹鳳由解舒勻承擔，陳波兒、徐來、王瑩、袁美雲、上官雲珠和陳娟娟由嚴潔瓊承擔，陳玉梅、葉秋心、趙丹、黎莉莉和白楊由熊欣傑承擔，其餘十二位均由周淵承擔。全書由我策劃並負責審校，不妥之處，敬請指教。

張偉
2007年1月28日於杭州旅次

再版後記

　　這本書的寫作只用了六個月，文獻積累的時間卻超過十年。2007年8月，本書在大陸由上海辭書出版社出版後頗受到一些好評：一般市民認為其可讀性強，有時尚氣息，圖片既多又好看，可謂圖文並茂；來自學術圈子的反映則是具有較強的文獻價值，是一本可供參考且可資引用的書。甚至有學者打電話給我表示驚訝：「你們是怎麼找到那麼多的原始文獻的？」書出版以後，眾多專業或非專業的報刊紛紛轉載，連電視臺也邀請我去開講這些當年的明星。這些反映印證了我一貫堅持的信念，即你只要付出了自己獨特的努力，就總有一天能收穫別樣的果實。

　　海峽彼岸的蔡登山先生看了書後也表示認可，他認為臺灣的民眾也一定會喜歡這些電影明星。對此我深有同感，畢竟兩岸有著共同的文化背景，且無語言的障礙。這些電影人和我們距離並不遙遠，不少人是看著他們的電影長大的，今天兩岸銀幕上的那些影星們也或多或少受到過他們的影響。這本書有機會和臺灣同胞見面，我要向辛勤運作的蔡登山先生和本書的責編林世玲

女士表示感謝。順便要說明的是，這次出版恢復了大陸版刪去的部分文字和篇章，也算是一種增補本吧。

張偉

2008年6月6日滬上

世紀映像叢書

1. 百年記憶－中國近現代文人心靈的探尋
   蔡登山・著

2. 青山有史－台灣史人物新論
   謝金蓉・著

3. 雪泥鴻爪－近代史工作者的回憶
   陶英惠・著

4. 大師的零玉－陳寅恪，胡適和林語堂的一些瑰寶遺珍
   劉廣定・著

5. 玫瑰，在她如此盛開的時候－探索女性文學的綺麗世界
   朱嘉雯・著

6. 錢鍾書與書的世界
   林耀椿・著

7. 徐志摩與劍橋大學
   劉洪濤・著

8. 魯迅愛過的人
   蔡登山・著

世紀映像叢書

世紀映像叢書

世紀映像叢書

國家圖書館出版品預行編目

昨夜星光燦爛：民國影壇的28位巨星 / 張偉編著.
--一版. --臺北市：秀威資訊科技, 2008.09
　冊；　公分.--(史地傳記；PC0056-PC0057)
BOD版
ISBN　978-986-221-078-9 (上冊：平裝).--
ISBN　978-986-221-079-6 (下冊：平裝)

1.演員　　2.人物志　　3.臺灣傳記

783.32　　　　　　　　　　　97017627

史地傳記　PC0057

昨夜星光燦爛(下)—民國影壇的28位巨星

編　　者 / 張偉
主　　編 / 蔡登山
發 行 人 / 宋政坤
執行編輯 / 林世玲
圖文排版 / 陳湘陵
封面設計 / 蔣緒慧
數位轉譯 / 徐真玉、沈裕閔
圖書銷售 / 林怡君
法律顧問 / 毛國樑　律師
出版印製 / 秀威資訊科技股份有限公司
　　　　　　台北市內湖區瑞光路583巷25號1樓
　　　　　　電話：02-2657-9211　傳真：02-2657-9106
　　　　　　E-mail：service@showwe.com.tw
經 銷 商 / 紅螞蟻圖書有限公司
　　　　　　台北市內湖區舊宗路二段121巷28、32號4樓
　　　　　　電話：02-2795-3656　傳真：02-2795-4100
　　　　　　http://www.e-redant.com

2008 年 9 月　BOD 一版
2009 年 3 月　BOD 二版
定價：290 元

讀 者 回 函 卡

感謝您購買本書，為提升服務品質，煩請填寫以下問卷，收到您的寶貴意見後，我們會仔細收藏記錄並回贈紀念品，謝謝！

1. 您購買的書名：＿＿＿＿＿＿＿＿＿＿＿＿＿＿＿＿＿＿

2. 您從何得知本書的消息？

　　□網路書店　□部落格　□資料庫搜尋　□書訊　□電子報　□書店

　　□平面媒體　□ 朋友推薦　□網站推薦　□其他＿＿＿＿＿

3. 您對本書的評價：(請填代號　1.非常滿意 2.滿意 3.尚可 4.再改進)

　　封面設計＿＿＿　版面編排＿＿＿　內容＿＿＿　文/譯筆＿＿＿　價格＿＿＿

4. 讀完書後您覺得：

　　□很有收獲　□有收獲　□收獲不多　□沒收獲

5. 您會推薦本書給朋友嗎？

　　□會　□不會，為什麼？＿＿＿＿＿＿＿＿＿＿＿＿＿＿＿＿

6. 其他寶貴的意見：＿＿＿＿＿＿＿＿＿＿＿＿＿＿＿＿＿＿＿＿

＿＿＿＿＿＿＿＿＿＿＿＿＿＿＿＿＿＿＿＿＿＿＿＿＿＿＿＿＿＿

＿＿＿＿＿＿＿＿＿＿＿＿＿＿＿＿＿＿＿＿＿＿＿＿＿＿＿＿＿＿

＿＿＿＿＿＿＿＿＿＿＿＿＿＿＿＿＿＿＿＿＿＿＿＿＿＿＿＿＿＿

讀者基本資料

姓名：＿＿＿＿＿＿＿＿＿＿　年齡：＿＿＿＿　性別：□女 □男

聯絡電話：＿＿＿＿＿＿＿＿　E-mail：＿＿＿＿＿＿＿＿＿＿

地址：＿＿＿＿＿＿＿＿＿＿＿＿＿＿＿＿＿＿＿＿＿＿＿＿＿＿

學歷：□高中(含)以下　　□高中　　□專科學校　　□大學

　　　□研究所(含)以上 □其他＿＿＿＿＿＿＿＿

職業：□製造業 □金融業 □資訊業 □軍警 □傳播業 □自由業

　　　□服務業 □公務員 □教職　 □學生 □其他＿＿＿＿＿

(請沿線對摺寄回,謝謝!)

秀威與 BOD

BOD（Books On Demand）是數位出版的大趨勢，秀威資訊率先運用 POD 數位印刷設備來生產書籍，並提供作者全程數位出版服務，致使書籍產銷零庫存，知識傳承不絕版，目前已開闢以下書系：

一、BOD　學術著作—專業論述的閱讀延伸
二、BOD　個人著作—分享生命的心路歷程
三、BOD　旅遊著作—個人深度旅遊文學創作
四、BOD　大陸學者—大陸專業學者學術出版
五、POD　獨家經銷—數位產製的代發行書籍

BOD 秀威網路書店：www.showwe.com.tw
政府出版品網路書店：www.govbooks.com.tw

永不絕版的故事・自己寫・永不休止的音符・自己唱